Cornelia Blume und Burkhard Steinmetz

Das Apfelbuch

Cornelia Blume und Burkhard Steinmetz

Das Apfelbuch

Apfelschätze erhalten und genießen

illustriert von Margret Schneevoigt

pala verlag

Inhalt

Vom Wert der Äpfel

Der Apfel ist eine wertvolle Frucht, sagt man. Doch haben Sie schon einmal versucht, einen Apfel, noch dazu den vom eigenen Baum, zu verkaufen? Verschenken Sie den Apfel, ernten Sie ein dankbares Lächeln, wollen Sie aber Geld dafür, ernten Sie einen mitleidigen Blick. Und haben Sie schließlich eine Kiste handverlesener Äpfel aus dem eigenen Garten verkauft, bleibt die Frage, ob die Arbeit der Baumpflege und der Ernte nicht mehr wert ist als der erzielte Preis.

Mit anderen Worten: Der Wert eines Apfels hat mit dem Preis nichts zu tun. Ein Apfel, billig im Discounter erworben, schmeckt im Vergleich mit dem Apfel aus dem eigenen Garten so, dass Sie glauben, für die billige Ware immer noch zu viel bezahlt zu haben. Und wissen Sie, welchen Hungerlohn die Landarbeiter dafür erhalten? Bei der Gesundheitsberatung Ihrer Krankenkasse wird man den Wert des Apfels in den höchsten Tönen loben, gerade weil der Nährwert in Kilokalorien gering ist. Fordern Sie als Apfelesser Rabatt auf die hohen Krankenkassenbeiträge, denn »one apple a day keeps the doctor away«!

In unserem Kulturkreis genießt der Apfel einen hohen symbolischen Wert. Märchen, Mythen und Gedichte zeugen davon. Die deutschen Kaiser trugen die Welt in Gestalt des Reichsapfels in den Händen, dank Wilhelm Tell ist der Apfel die Nationalfrucht der Schweiz, und in Österreich lockt man Touristen nicht nur ins Wein-, sondern auch ins Mostviertel. Neid und Streit um einen Apfel lösten den Trojanischen Krieg aus, und die paradiesische Frucht vom Baum der Erkenntnis ist zum Maßstab aller Werte, nämlich des Wissens um Gut und Böse geworden.

Den Wert eines Apfels kann man, wie gesagt, nicht eindeutig messen, aber die Verwertung wird in diesem Buch konkret und praktisch beschrieben.

Wenn Sie im späten Sommer in Ihrem eigenen oder in Nachbars Garten vor einem prächtig behangenen Apfelbaum stehen und den Gedanken nicht loswerden: »Wohin mit diesem Reichtum?«, können Ihnen unsere Tipps und Ideen helfen. Es ist wohl kein Zufall, dass dieses Apfelbuch in Schwaben geschrieben wurde. Die Region galt schon im 19. Jahrhundert als das europäische Herz des Obstbaus, und noch heute wird dort die Hälfte aller Äpfel in Deutschland geerntet. »Man lässt nix verkommen«, heißt es dort. Und dennoch vergammeln Berge von Fallobst. Die schönen Streuobstwiesen können nur dann erhalten werden, wenn man erstens die Bäume pflegt und zweitens die Äpfel sinnvoll verwertet.

Anders als in vielen Büchern zum Thema Apfel konzentrieren wir uns hier auf den Nutzen, den die Äpfel bieten, und auf die Pflege, die die Bäume auf der Streuobstwiese oder im Garten brauchen. Vieles gilt in ähnlicher Weise auch für Quitten- oder Birnbäume. Selbstverständlich können die wenigen Seiten über Sorten, Anbau, Bewirtschaftungsweisen, Gesundheitspflege und Brauchtum die reichlich vorhandene Fachliteratur nicht ersetzen. Ebenso ist die Zusammenstellung der Rezepte exemplarisch und nicht umfassend. Allerdings beruhen sie auf langjähriger Erfahrung und sind in Garten und Küche praxiserprobt.

Wenn Sie den Reichtum der Natur durch den Reichtum Ihrer Sinneseindrücke und Kochkünste vermehren, hat das Buch seinen Zweck erfüllt. Für Hinweise und weitere Anregungen bedanken sich

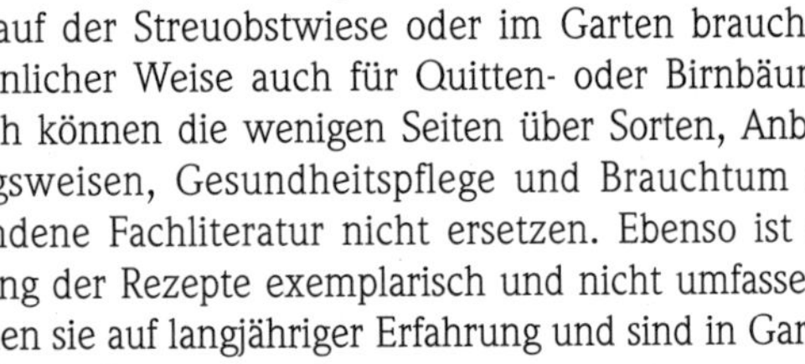

Wenn ich wüsste ...

Wenn ich wüsste,
dass morgen die Welt untergeht,
würde ich heute noch
ein Apfelbäumchen pflanzen.

Martin Luther zugeschrieben

Botanik des Apfelbaums

Der Ur-Apfelbaum ist der wilde Holzapfelbaum *(Malus sylvestris).* Seine natürlichen Lebensräume sind Auenwälder und Hainbuchen- und Eichenwaldgesellschaften. In Kulturlandschaften kommt er auf Steinriegeln und in wilden Hecken vor, ist allerdings nur selten zu finden. Als Urheimat gelten der Kaukasus und Mittelasien, wo auch ein weiterer Vorfahr unserer Tafeläpfel, der *Malus sieversii,* wächst. Wie alle Wildarten unserer Obstbäume besiedelt er die lichte Waldrandzone, denn seine Blüten brauchen zur Entfaltung sehr viel Licht, und nutzt Standorte bis zu 900 m Höhe. Heute wird er wieder vermehrt in Wäldern angepflanzt, da seine Äpfelchen ein begehrtes Wildfutter sind. Die Früchte sind nur drei bis fünf Zentimeter dick und enthalten viel Gerbsäure und Pektin, organische Säuren und Enzyme.

Die kleinen Ur-Apfelbäume sind buschig, dicht und stark verzweigt. Ihre Rinde ist braungrau und blättert in dünnen Schuppen ab. Die Blätter sind wechselständig, eiförmig, am Rande gesägt, unterseits weißfilzig und haben nur einen kurzen Stiel. Die Blüten sind weiß-rötlich, fünfzählig wie bei allen Mitgliedern der Familie der Rosengewächse wie Birne, Kirsche, Weißdorn, Schwarzdorn, Pflaume, Rose, stehen in Büscheln und haben gelbe Staubgefäße. Sie erscheinen gleichzeitig mit den Blättern im April und Mai. Die Früchtchen reifen ab September. Bei den Gehölzen aus der Familie der Rosengewächse sind es die Seitenzweige, die Frucht tragen, nicht die Wipfeltriebe, die in die Höhe streben.

Die ersten veredelten Apfelsorten kamen aus Asien. Unser Wort »Paradies« ist persischen Ursprungs und bedeutet »Apfelgarten«. Auf den Straßen des römischen Weltreiches kamen erste Tafeläpfel bis nach Mitteleuropa. Inzwischen kennt man über 5000 verschiedene Sorten. Der Kultur-Apfelbaum *(Malus communis)* liebt feuchten, nährstoffreichen, lockeren Boden, mag einen wärmeren Standort, gedeiht jedoch auch noch im Gebirge bis in 900 m Höhe, wie sein wilder Verwandter. Der Apfelbaum blüht je nach Standort von April bis Juni. Er trägt noch nicht am einjährigen Holz. Seine Früchte sind erntereif – je nach Sorte – zwischen Ende Juli und November. Die Pflückreife erkennt man daran, dass der Apfel sich leicht vom Zweig löst, wenn man ihn in die Hand nimmt, nach oben kippt und dreht. Muss man ihn noch abreißen oder mit Gewalt brechen, so ist er unreif.

Einkehr

Bei einem Wirte wundermild
Da war ich jüngst zu Gaste.
Ein goldner Apfel war sein Schild
An einem langen Aste.

Es war der grüne Apfelbaum,
Bei dem ich eingekehret;
Mit süßer Kost und frischem Schaum
Hat er mich wohl genähret.

Es kamen in sein grünes Haus
Viel leichtbeschwingte Gäste.
Sie sprangen frei und hielten Schmaus
Und sangen auf das Beste.

Ich fand ein Bett zur süßen Ruh'
Auf weichen, grünen Matten;
Der Wirt, er deckte selbst mich zu
Mit seinem kühlen Schatten.

Nun fragt' ich nach der Schuldigkeit,
Da schüttelt er den Wipfel.
Gesegnet sei er allezeit
Von der Wurzel bis zum Gipfel!

Ludwig Uhland

Von der Streuobstwiese zum Apfel-Ödland und zurück

Der Apfelbaum ist der älteste kultivierte Baum Europas. In den Pfahlbauten der Jungsteinzeit wurden viele Apfelkerne gefunden. Unsere Vorfahren haben also Holzäpfel gegessen. Der Name »Apfel« ist ein sehr altes Wort aus der indogermanischen Sprachfamilie. Er findet sich in keltischen, germanischen und slawischen Sprachen. Die Römer brachten zwar veredelte Apfelsorten mit größeren Früchten ins Land; der lateinische Name *malus* setzte sich aber nicht durch. Alte deutsche Wortformen sind *apful, avallen, afall* usw. Mancher Ortsname leitet sich davon ab wie z. B. Affaltrach, Falterbach, Apolda oder Avallon in Burgund. An all diesen Orten sind schon im Mittelalter Äpfel angebaut worden.

Im frühen Mittelalter standen Kulturapfelbäume nur in Klostergärten. Nach der karolingischen Landwirtschaftsreform im 9. Jahrhundert und vermehrt nach dem Dreißigjährigen Krieg wurden allmählich Obstgärten rund um die Dörfer angelegt, zur Selbstversorgung der Dorfbewohner und freilich auch zur Versorgung der Lehnsherren und ihres Anhangs. Da die Flächen gleichzeitig als Weide für das Vieh dienten, wurden Hochstamm-Obstbäume gezogen, deren Äste hoch genug waren, dass die weidenden Tiere zwar für Dünger sorgten, den Ertrag aber nicht zu sehr schmälerten. Es entstanden die Streuobstwiesen, wie wir sie heute noch finden. Mittelalterliche Rezeptbücher geben Auskunft darüber, was damals mit Äpfeln alles gemacht wurde. Man hat sie zum Säuern von Speisen benutzt, Gelee aus ihnen gekocht, Wein gekeltert und diesen zu Essig weiterverarbeitet.

Streuobstwiesen sind eine von Menschen geschaffene Kulturlandschaft, die das Landschaftsbild Mitteleuropas über Jahrhunderte prägte. Ihr Baumbestand ist charakteristischerweise gemischt aus alten und jungen Bäumen verschiedener Arten und Sorten. Auf engem Raum findet man Apfel, Birne, Kirsche und Pflaume, auch Quitten- und Nussbäume. Die Schichtung des Biotops in eine untere Etage, die Wiese mit dem Wurzel- und Stammbereich der Bäume, und in die obere Etage der Baumkronen macht den biologischen Wert aus. Weil die Streuobstwiesen über lange Zeiträume gleichbleibend genutzt werden, sind sie Lebensräume für eine besonders artenreiche Lebensgemeinschaft aus unzähligen Pflanzen und Tieren, von denen viele bedroht sind oder sich vor der industrialisierten Landwirtschaft hierher zurückgezogen haben. Für viele Tiere sind nur alte Obstbäume mit rissiger Borke, Spechthöhlen und ausgefaulten Astlöchern ein geeigneter Lebensraum. Aus diesen Gründen – den Erholungswert für die Menschen nicht zu vergessen – sind die Streuobstwiesen so erhaltenswert.

Wirtschaftlich sind sie unter den aktuellen Bedingungen nicht. (Vielleicht ändert daran eine Agrarreform mit Abkopplung der Subventionen vom Ertrag und Prämien für Landschaftspflege etwas.) Nach dem Zweiten Weltkrieg verloren die Streuobstwiesen ihre wirtschaftliche Bedeutung. Der industrialisierten Landwirtschaft mit ihren riesigen Maschinen waren die Bäume im Weg. Um Dörfer und Städte herum wurden neue Baugebiete ausgewiesen, denen die Streuobstwiesengürtel zum Opfer fielen. Die Ausweitung der Agrarimporte ließ es unnötig erscheinen, dass man Wintervorräte anlegte: Es gab ja alles zu jeder Zeit im Supermarkt. Der Qualitätsbegriff veränderte sich. Obst muss im Ladenregal in erster Linie frisch aussehen, ob es wirklich frisch oder gar reif ist, tritt in den Hintergrund. Techniken wie Dörren, Einmachen, Mosten kamen aus der Mode und gerieten in Vergessenheit.

Viele Obstbäume wurden gerodet, wofür es bis 1974 noch staatliche Prämien gab. Zwei Drittel der Bestände von 1934 verschwanden. Ziel dieses politisch gewollten Niedergangs war eine grundlegende Veränderung im Erwerbsobstbau. Dominierten um 1970 noch großkronige, hochstämmige Apfelbäume, so prägen jetzt Niederstammformen die Apfelplantagen. Auf derselben Fläche stehen nun zehn- bis zwanzigmal so viele Bäume wie vorher. Ihre Wuchshöhe ist so bemessen, dass alle Früchte ohne Leiter zu Fuß oder von speziellen niederflurigen Fahrzeugen aus geerntet werden können. Die Bäume bleiben etwa zehn Jahre stehen. Dann wird gerodet und die aktuelle Sorte neu gepflanzt. So sind die Investitionskosten im Erwerbsobstbau gewaltig gestiegen. Dafür werden aber weniger Arbeitskräfte benötigt.

Bei hohem Pestizid-Einsatz wächst in solchen Apfelplantagen außer Äpfeln nichts mehr: Apfel-Ödland. Weil sich zum Massenanbau für den Welthandel nur wenige, in der Regel speziell gezüchtete Sorten eignen, manipuliert der Handel den Verbrauchergeschmack zur Einheitlichkeit. Apfel-Ödland und Verödung des menschlichen Geschmacks bedingen einander. Allerdings werden auch Äpfel aus naturnaher oder biologischer Produktion in Niederstamm-Plantagen gezogen. Nur besonders geschulte und qualifizierte Landwirte beherrschen die Kultivierung ohne Pestizide. Mit neuen Sorten wie 'Topaz' erwirtschaften sie gute Erträge.

Der Obstanbau ist bei uns ein bedeutender Zweig der Landwirtschaft, daran haben Äpfel den größten Anteil. Jede/r Deutsche verbraucht im statistischen Durchschnitt rund 26 kg Äpfel und 12 l Apfelsaft pro Jahr. Das ist mehr als in allen anderen Ländern der EU. Und etwas weniger als die Hälfte dieser Äpfel wächst auch in Deutschland. Die andere Hälfte kommt aus dem europäischen Ausland wie Südtirol und aus Übersee, vor allem aus Argentinien, Chile, Südafrika und Neuseeland. So können das ganze Jahr über Äpfel angeboten werden. Ob es sinnvoll ist, Äpfel über so weite Entfernungen zu transportieren, und ob es nötig ist, jede Art Früchte zu jeder Jahreszeit haben zu können, mag jeder für sich selbst entscheiden. Der Ernährungswert der für einen langen Transport unreif geernteten Früchte ist geringer, da sich beispielsweise das Vitamin C erst in den letzten Reifetagen vollständig bildet. Spuren der letzten Pestizidspritzung, die Behandlung der Schale der Früchte mit Wachs und die Kosten und Umweltbelastungen durch den Transport sind weitere Fragwürdigkeiten. Wenn Sie dazu mehr Information wollen, finden Sie vieles auf den Internetseiten von Greenpeace und in den Einkaufsratgebern, die Greenpeace herausgibt, oder bei Slowfood e.V.

Es gibt aber keinen Grund zum Kulturpessimismus. Seit vielen Jahren steigt die Nachfrage nach biologisch erzeugtem Obst aus heimischem Anbau wieder. Mit der Umweltbewegung und der Entwicklung der Naturkostbranche hat ein Umdenken begonnen, bisher bei einer Minderheit, deren Verbrauch aber schon zu Buch schlägt. In allen traditionellen Obstbaugebieten entstehen, zum Teil von staatlichen Stellen unterstützt, Initiativen zum Schutz von Streuobstwiesen. Naturschützer, Schnapsbrenner, Imker, Fruchtsafthersteller, Gartenbauvereine und Globalisierungsgegner ziehen an einem Strang. Kindergärten und Schulen veranstalten Apfelsaftprojekte und Tourismus-Manager entdecken die Streuobstwiese als positiven Standortfaktor.

Irgendwann in nicht ferner Zukunft wird man einen anderen Schatz wieder entdecken, den die Streuobstwiesen bergen: das Holz. Bei Spezialisten erzielt Obstbaumholz schon jetzt hohe Preise. Das Holz des Apfelbaums ist nicht zu verachten. Es ist hart, kleinfasrig, oft gedreht, weil die Bäume bei dem Verpflanzen aus der Baumschule meist nicht mehr in der »gewohnten« Himmelsrichtung eingesetzt werden. Nur noch wenige spezialisierte Schreinereien verarbeiten das sehr lebendig farbige Holz. Obstbaumholz aus gerade gewachsenen Stämmen gilt als wertvoll. Wer also beim Pflanzen eines Apfelbaums an seine Kinder oder Enkel denkt, die eines Tages den dann alt gewordenen Baum fällen, wird ihn zum Hochstamm mit mindestens 1,5 oder besser 2,5 Meter Stammlänge erziehen.

Es reicht nicht aus, Streuobstwiesen unter Naturschutz zu stellen. Sie leben davon, dass Menschen von ihnen leben. Wenn die Nachfrage nach schmackhaften, biologisch produzierten Äpfeln von Bäumen, in denen Vögel gesungen haben, steigt, dann dürfen Apfelbäume sein, was sie sind: lebendige Wesen mit komplexen wirtschaftlichen und sozialen Bezügen.

Frau Holles Apfelgarten

Es geschah einmal, dass im Garten der schönen Frau Holle die Apfelbäume nicht mehr gediehen. Nun lebte aber unten auf der Erde eine alte Frau, und deren Apfelbäume standen im Frühling in herrlicher Blüte, und wenn der Herbst kam, senkten sich die Äste voll reifer Früchte. Da sprach die schöne Frau Holle zu ihrem Liebsten, dem Junker Tod: »Reite hinab zur Erde und hole mir die Alte herauf. Sie hat nun lange genug auf der Erde gelebt, und es wird Zeit, dass sie zu uns zurückkehrt.«

Und so ritt der Junker Tod hinab zur Erde, klopfte bei der Alten und sprach zu ihr: »Du hast nun so lange auf der Erde gelebt, und meine Liebste, die schöne Frau Holle, will dich bei sich haben, denn in deren Garten gedeihen die Apfelbäume nicht mehr. Deshalb soll ich dich abholen, dass du sie dort pflegst.« Nun hatte die Alte aber überhaupt keine Lust, die Erde jetzt schon zu verlassen, und sie sprach zum Tod: »Dann hab' ich jetzt auch noch eine Bitte: Lass uns noch einmal Karten spielen. Weißt du, ich habe am Kartenspiel immer eine Freude gehabt. Und wir machen es so: Gewinne ich, dann musst du mich hier lassen, gewinnst du, darfst du mich mitnehmen.«
Der Tod war einverstanden und dachte, dass er die Alte im Kartenspiel leicht besiegen könnte. Er wusste aber nicht, dass das Haus der Alten an einer Heerstraße lag und die Alte immer mit den Landsknechten Karten gespielt hatte. Sie kannte alle Kniffe. Die Alte mischte die Karten und

gewann. Der Junker Tod runzelte die Stirn und sprach: »Lass uns noch einmal spielen.« Dieses Mal mischte er die Karten. Aber siehe, wieder gewann die Alte, und der Junker Tod sprach: »Jetzt lass uns noch einmal spielen!« Die Alte erwiderte: »Gut, aber mehr als drei Spiele werden nicht gespielt. Das ist immer der Brauch. Über die Zahl Drei gehen wir nicht hinweg.«

Also spielten sie das dritte Spiel. Wiederum gewann die Alte, und sie sprach zum Junker Tod: »Geh nur allein hinauf, was gehen mich die Apfelbäume deiner Liebsten an, mir gefällt es noch in meinem Garten und hier auf der Erde.«

So ritt der Junker Tod traurig hinauf in den Garten der schönen Holle. Als er nun allein kam, da zürnte diese mit ihm und sprach: »Du darfst so lange mein Lager nicht mehr mit mir teilen, bis du mir die Alte heraufgebracht hast.«

Nun kamen die zwölf Heiligen Nächte, und der Junker Tod wusste, dass in diesen Nächten jedem die Türe geöffnet werden musste, und sei es auch der größte Feind. Und so setzte er sich auf sein Pferd und ritt wieder hinab zu der Alten und pochte an die Tür. Die Alte öffnete.

Sie war jedoch nicht sehr erfreut, als sie den Tod schon wieder sah, aber was wollte sie machen, es waren die zwölf Nächte, und da musste jedem die Tür geöffnet werden. Der Junker Tod sprach: »In diesen zwölf Nächten hat jeder einen Wunsch frei, und so habe ich nun den Wunsch: Setze dich hinter mich auf mein Pferd, reite mit mir bis zur Gartenpforte meiner Liebsten und schau hinein. Und ich verspreche dir, wenn du nicht dort bleiben willst, werde ich dich wieder zurückbringen.«

Die Alte sprach: »Gut, ich kann dir diesen Wunsch nicht abschlagen, aber du musst es mir jetzt auch schwören, und du weißt: Ein Schwur, ein Eid in den zwölf Heiligen Nächten ist zwölffach wert.« Und der Junker Tod, der schwor, dass er sie wieder zurückbringen würde zur Erde, wenn es ihr nicht gefallen würde. Die Alte setzte sich nun hinter dem Tod aufs Pferd, und sie ritten hinauf in den Paradiesgarten.

Dort öffnete der Tod das Tor einen Spalt und sprach: »Schau einmal hinein!« Die Alte schaute durchs Tor, und da sah sie die schöne Holle, und die hatte eine Krone auf aus lauter Sternen, und sie war umgeben von lauter schönen jungen Mädchen. Aber die Apfelbäume, die sahen kläglich aus.
Da fragte der Tod die Alte: »Wie gefällt dir denn der Garten, wie gefällt dir meine Liebste?«
»Ja, sie gefällt mir schon, aber siehst du, sie ist umgeben von lauter jungen Frauen, und schau doch mal, wie alt und runzlig ich bin.«
Da sprach der Tod zu ihr: »Ja, weißt du denn nicht, wenn dich meine Liebste berührt, dann wirst du auch wieder jung und schön.«
»Ja«, zürnte da die Alte, »weshalb sagst du mir denn das nicht gleich und lässt mich noch drei Mal mit dir Karten spielen?« Und sie sprang hinein durch das Tor, die schöne Holle berührte sie, und da war die Alte wieder jung und schön geworden. Dann aber machte sie sich an die Pflege der Apfelbäume, und seither gedeihen die Apfelbäume im Garten der Holle immer wunderbar.

1992 aufgezeichnet nach der Erzählung einer Aussiedlerin aus Litauen. Quelle: Sigrid Früh, Rauhnächte, Verlag Stendel 1998

Welche Sorte ist die richtige?

Die Pomologie oder Obstsortenkunde ist eine ehrwürdige Wissenschaft, die im 19. Jahrhundert ihre erste Blüte erlebte. Unvergessen sind der Reutlinger Eberhard Lucas mit dem »Illustrirten Handbuch der Obstkunde« und die »Schweizerischen Obstsorten« von Gustav Pfau-Schellenberg. Die prächtigen Farbtafeln aus den alten Büchern, die die Früchte im Ganzen und aufgeschnitten, oft auch Blatt und Blüte zeigen, sind nach wie vor eine Augenweide. Die heutigen Handbücher bauen darauf auf. Sie beschreiben die Botanik und die Verwendungsmöglichkeiten im Obstbau und erläutern die Lagerungseigenschaften. Viele Sorten, die wir heute auf Streuobstwiesen finden, sind Züchtungen aus dem 19. Jahrhundert.

Sie werden Schwierigkeiten haben, mithilfe der Obstsortenliteratur die Äpfel zu bestimmen, die Sie in Ihrem Garten oder auf Streuobstwiesen vorfinden. Dazu gehört Spezialistenwissen. Eines aber werden Sie schnell feststellen: Die Sorten, die Sie aus dem Supermarkt kennen, wie 'Elstar', 'Braeburn', 'Idared' oder 'Royal Gala', finden Sie auf der Streuobstwiese nicht. Dies sind spezielle Züchtungen für den Erwerbsobstbau. Sie müssen für hohe und regelmäßige Erträge, standardisierte Ernte, weltweiten Transport und die Lagerung im Kühlhaus optimiert sein und bedürfen spezieller Pflegemaßnahmen, die im Selbstversorger-Anbau nicht durchführbar sind. Selbst wenn Ihnen die Baumschule ein junges Elstar-Bäumchen gern verkauft: Sie werden keine Freude daran haben. Profis im ökologischen und naturnahen Obstbau sind hingegen sehr wohl in der Lage, 'Elstar' unter modernsten Produktionsbedingungen zu kultivieren.

Für den Hausgebrauch ist es nicht so wichtig, dass Sie Ihre Äpfel mit dem korrekten Namen benennen können. Versuchen Sie es aber mit der Klassifikation in Sommer-, Herbst- und Winterapfel!

- **Sommeräpfel** reifen im Juli/August und September und sind zum alsbaldigen Verbrauch bestimmt. Als Erste sind meist die hellgrünen 'Klaräpfel' reif. Auf die stürzen sich die Liebhaber, die monatelang in keinen frischen Apfel beißen konnten. Die Sommeräpfel eignen sich in der Regel nicht zur Lagerung. Mit ihnen wird die Küchensaison eröffnet, speziell mit erfrischenden Desserts an heißen spätsommerlichen Tagen. Weitere frühe Sorten sind beispielsweise 'James Grieve' und 'Gravensteiner'.
- **Herbstäpfel** werden ab Mitte September bis in den frühen November hinein geerntet. Dies ist die klassische Apfelzeit mit der riesigen Auswahl an Aromen und den bekannten Namen, z. B. alle Spielarten der 'Renette'. Bei den Herbstäpfeln fallen Pflück- und Genussreife zusammen. Saft, Wein und Branntwein werden daraus hergestellt.
- **Winteräpfel** werden ebenfalls im Herbst geerntet, sind aber zu dieser Zeit noch nicht genussreif. Bekannte Beispiele dafür sind die Sorten 'Bohnapfel', 'Boikenapfel' und 'Boskoop'. Wenn sich ein 'Boskoop' im späten Oktober brechen lässt, schmeckt er noch unreif. Man beginnt mit dem Verzehr besser erst zu Nikolaus.

Die Geschmacksprobe ist im Hinblick auf die Verwertung das wichtigste Kriterium. Sie können mit Zähnen, Zunge und Gaumen selbst feststellen, ob Sie den Apfel lieber ins morgendliche Müsli schnippeln, für einen kräftigen Apfelwein auspressen oder im Sauerkraut mitkochen wollen. Tatsache ist, dass Äpfel gleicher Sorte nicht überall identisch schmecken und schon gar nicht bei allen Familienmitgliedern gleich gut ankommen. In den unterschiedlichsten Regionalsorten finden Sie die verschiedenen Geschmacksrichtungen von mild bis stark säuerlich.

Die genaue Sortenkenntnis ist für den Obstbaum-Anbau wichtiger als für die Verwertung. Im Lauf der Jahrhunderte entwickelten sich dem jeweiligen Standort und Klima angepasste Sorten. Sie wurden als

Zufallssämlinge entdeckt und in neuerer Zeit auch gezielt gezüchtet. Auf Streuobstwiesen sind solche Sorten erhalten – oder eben nicht mehr. Die Initiativen, die die alten Sorten erhalten wollen, kümmern sich zugleich um Verwertung und Vermarktung. Denn sie wissen, dass die Artenvielfalt unserer Obstkultur nicht bloß durch guten Willen, sondern vor allem durch den menschlichen Konsum der Äpfel erhalten wird.

Regionalsorten finden Sie auf Bauernmärkten, wo Sie die Früchte probieren und nach der Verwendbarkeit fragen können. Die ganze regionale Vielfalt erleben Sie bei »Apfeltagen« im Herbst und den Blütenrundgängen im Frühling, bei Veranstaltungen der Gartenbauvereine und Heimatmuseen. Es gibt spezialisierte Museen wie das Bauernhausmuseum Wolfegg, das mit dem Kompetenzzentrum Obstbau-Bodensee Apfeltage durchführt, das kleine Glemser Obstbaumuseum in Metzingen/Württemberg, das Museum Pomarium Anglicum in der Landschaft Angeln bei Flensburg, Schleswig-Holstein, das Deutsche Gartenbaumuseum in Erfurt, das Obstbaumuseum in Werder an der Havel bei Berlin oder den Arche-Noah-Schaugarten in Schiltern nördlich von Krems, Niederösterreich. In der Schweiz sind dank der Initiative der Vereinigungen Fructus und Pro Specie Rara eine Reihe von privaten und kommunalen Obstanlagen mit alten Apfelsorten für die Öffentlichkeit zugänglich (Adressen auf Seite 167).

Oft sprechen die Namen der alten regionalen Sorten für sich selbst.

Die Vielfalt der Regionalsorten ist kein überholter Provinzialismus. Bäume wurzeln nun einmal an fester Stelle und können auf die Qualitäten des Standortes hin optimiert werden. Jeder Weinkenner weiß, dass ein Riesling aus dem Remstal anders schmeckt als einer von der Mosel. Ähnliches gilt für den Apfel. Unter den Bedingungen der Globalisierung mag es sein, dass die Menschheit mit wenigen Autotypen ausreichend versorgt ist. Bei Äpfeln können Sie schmecken, dass internationale Allround-Sorten tendenziell langweilig sind.

Am Beispiel der 'Goldparmäne' lässt sich erläutern, welchen Bedeutungswandel Apfelsorten im Lauf der Zeiten erleben können: Die 'Goldparmäne' gilt als sehr alte französische Sorte, die über England vor zwei Jahrhunderten nach Deutschland kam. Sie ist allgemein bekannt und wird überall, auch in höheren Lagen, angebaut. Sie wird wegen ihres knackigen Fleisches, ihrer prächtigen goldroten Farbe, ihres zwischen Süße und Säure harmonischen Aromas, ihrer guten Lagerfähigkeit bis Februar sehr geschätzt und gilt als wertvoller Tafelapfel. Kinder essen sie besonders gerne, weil Goldparmänen nicht zu groß werden und auch von kleinen Zähnen leicht anzubeißen sind.

Die Synonyme »Königsapfel«, »Pfaffenapfel«, »Kronreinette«, »Reine des Reinettes« (auf Deutsch: »Königin der kleinen Königinnen«), »King of the Pippins« (der englische Ausdruck *pippin* meint eine hochgestellte, verehrungswürdige Persönlichkeit) weisen auf eine hohe Wertschätzung von alters her hin. »Pippin apple« kommt in Tolkiens Romantrilogie »Der Herr der Ringe« vor und war auch eine beliebte Spielkonsole der Apple-Computer in den Neunzigerjahren.

Bis in die Achtzigerjahre war die 'Goldparmäne' eine Standardsorte im Handel. Inzwischen ist sie vom Markt nahezu verschwunden. Ihr Nachteil: Sie ist für die modernen Kühllager ungeeignet, weil sie darin stippig wird, das heißt kleine braune Stellen unter der Haut bekommt. Es liegt also in der Hand von Kleinerzeugern und Verbrauchern, ob diese königliche Apfelsorte überlebt.

Beispiele für regionale Apfelsorten

Aargauer Jägerapfel	Hochrhein
Altländer Pfannkuchenapfel	Altes Land bei Hamburg
Berner Rosenapfel	Schweizer Bergland
Börtlinger Weinapfel	Württemberg
Dülmener Herbstrosenapfel	Westfalen
Finkenwerder Prinzenapfel	Niederelbe
Gelber Münsterländer Borsdorfer	Westfalen
Gewürzluike	Württemberg
Gravensteiner	Nordschleswig
Schöner von Herrnhut	Sachsen
Kaiser Alexander	Russland
Kaiser Wilhelm	Deutschland
Kronprinz Rudolf	Österreich
Landsberger Renette	Landsberg an der Warthe, Polen
Öhringer Blutstreifling	Hohenlohe
Ontario	Kanada
Prinz Albrecht von Preußen	Brandenburg
Rheinischer Krummstiel	Rheinland
Roter Trierscher Weinapfel	Saarland
Schweizer Orangenapfel	Schweiz
Trennfurter Goldrenette	Unteres Maingebiet
Wachsrenette aus Benediktbeuern	Bayrisches Bergland
Welschisner	Böhmen
Westfälischer Gülderling	Westfalen
Rheinischer Winterrambour	Rheinland
Zabergäu Renette	Württemberg

Anbau und Pflege

In diesem Kapitel finden Sie einige Hinweise zum Umgang mit Ihren Apfelbäumen. Wer sich intensiver mit dem Körper und Geist herausfordernden Thema befassen will, bekommt Fachliteratur im Handel sowie Beratung und Schnittkurse beim örtlichen Obst- und Gartenbauverein.

Sie finden Apfelbäume in drei Wachstumsformen: Hochstamm, Halbstamm und Niederstamm. Der **Hochstamm** entspricht dem Bild, das wir normalerweise von Apfelbäumen haben: ein kräftiger Stamm, aus dem sich die Haupt- oder Leitäste etwa in Mannshöhe in eine Krone verzweigen, die oft vier bis fünf Meter Höhe erreicht. Man braucht eine Leiter, um in den Baum zu klettern und die Früchte zu erreichen.

Die zeitgenössische hoch spezialisierte und mechanisierte Landwirtschaft kann aber mit Hochstämmen nichts anfangen. Ein Zweig, unter dem Schafe hindurchlaufen können, hängt für den Traktor samt Fahrer viel zu tief. Das Gras stört nur noch, denn man muss es mähen und, wie es in einer Schrift des Regierungspräsidiums Tübingen hieß, »fachgerecht entsorgen«. Obendrein ist niemand mehr da, der auf die Leiter steigen könnte. Deshalb sehen Sie auf der Fahrt entlang der großen Apfelplantagen **Niederstämme,** die zur »schlanken Spindel« geformt und von Spanndrähten gehalten werden. Der ganze Baum wächst nur noch bis in Griffhöhe.

Der **Halbstamm,** eine Zwischenform, sieht immerhin noch wie ein Baum aus. Dort verzweigen sich die Hauptäste etwa in Brusthöhe. Halbstamm-Apfelbäume stehen oft in Hausgärten, weil sie weniger Platz brauchen und von Leuten, die ungern auf die Leiter steigen, geschätzt werden.

Normalerweise werden die jungen Pflanzen in der Baumschule veredelt. Auf die sogenannte Wurzel-Unterlage wird ein Edelreis aufgepfropft. Der schöne Name »Edelreis« weist auf das Ziel der Veredlung hin. Für die Unterlage (Wurzel und Teil des Stammes) verwendet man je nach gewünschter Wuchsart (Hoch-, Halb- oder Niederstamm) diejenige Sorte, die dafür die besten Eigenschaften aufweist. Das Edelreis wiederum stammt von der Apfelsorte, die man zu ernten wünscht. Denn eine Vermehrung aus Samen funktioniert nicht zuverlässig. Mit anderen Worten: Der junge Apfelbaum, den Sie in der Baumschule erwerben, ist ein künstliches oder gar kunstvolles Produkt.

Zum jungen Hochstamm-Baum sei an dieser Stelle nur gesagt, dass er schnell gekauft und eingepflanzt ist, dass er aber jahrelang aufmerksam gepflegt sein will, wenn aus ihm ein selbstständiger und fruchtbarer Baum werden soll. Am Anfang wird aus verständlicher Ungeduld oft der Fehler gemacht, möglichst bald Äpfel ernten zu wollen. Wenn aber das Astgerüst nicht in den ersten Jahren zur Stabilität erzogen wurde, drücken dicke Äpfel die noch schwachen Äste in die Tiefe und verschaffen dem Bäumchen eine traurige Gestalt. Anleitung für den Pflanz- und Erziehungsschnitt junger Bäume in den ersten fünf Jahren finden Sie in Fachbüchern und, noch besser, bei einem erfahrenen Baumwart. Achten Sie jedenfalls auf ausreichende Pflanzabstände, gerade an der Grundstücksgrenze. Nicht nur die Bäume selbst brauchen den Platz; auch der Nachbar will nicht belästigt werden. Nicht umsonst muss das Buch »Nachbarrecht in Baden-Württemberg« alle zwei Jahre neu aufgelegt werden.

Wenn Sie schon Äpfel haben, die Sie verwerten wollen, kennen Sie in der Regel den Baum, von dem sie stammen. Der ist oft ein altes, verwachsenes und irgendwie bizarr anmutendes Geschöpf. Beim Vergleich mit einer in der Nähe stehenden Birke oder Tanne fragen Sie sich unwillkürlich, warum ausgerechnet der wertvolle Apfelbaum eine so unharmonische Gestalt zeigt und nicht selten auf Stützen daherkommt. Die Antwort ist einfach: An keinem anderen Baum wird so viel geschnitten, gesägt und herumgebastelt. Das nennt man dann auch noch Erziehung. Sie können am Baum feststellen, was Ihnen von Kindern wohl bekannt ist: Oft fehlt es an der Erziehung der Erzieher. Hüten Sie sich aber vor vorschnellen oder gar abschätzigen Bemerkungen in Richtung derjenigen Zeitgenossen, die möglicherweise nicht fachgerecht vorgegangen sind! Rechthaberei und Dogmatismus zum Thema Baumschnitt sind (unter Männern) weit verbreitet. In Schwaben nennt man diese Tätigkeit »Bäume putzen«, was tief blicken lässt. Einen nie beschnittenen, rein naturwüchsigen Apfelbaum bekommen Sie kaum zu Gesicht.

In der Tat ist die wichtigste Pflegemaßnahme der Baumschnitt. Junge Bäume brauchen den Erziehungs- oder Aufbauschnitt. Ältere Bäume brauchen einen Erhaltungs- oder auch Verjüngungsschnitt. Das Ziel ist, den Baum so zu formen, dass er von allen Seiten ausreichend Licht und Luft bekommt und dass er weiterhin gesunde frische Triebe bilden kann. Die Früchte wollen sich frei entwickeln.

Bei einem zu dichten Gedränge von Zweigen und Blättern geht es den Äpfeln wie Ihnen vielleicht in der U-Bahn: Sie stehen im Schatten, erleiden Druckstellen und werden anfällig für Infektionen aller Art. Nach Regen trocknet ein zu dichter Baum viel langsamer ab. Das feuchte Mikroklima begünstigt die Ausbreitung von Fäulnis und Pilzkrankheiten. Wenn Sie den Schriften eines Agrochemie-Herstellers Glauben schenken, müssten Sie deswegen Fungizide und anderes mehr spritzen und könnten nebenbei Schnittkosten sparen. Sie können aber auch die Kosten für die Spritzmittel sparen, den Baum richtig schneiden und obendrein sich und Ihre Umwelt weniger vergiften.

Weitere Kriterien für den angemessenen Schnitt ergeben sich aus Standort und Nutzung. Steht der Baum frei oder eng bei anderen Bäumen bzw. Gebäuden? Reicht Ihnen das Fallobst oder brauchen Sie Platz, um die Leiter bei der Ernte anlegen zu können?

Bevor Sie dem Baum mit allerhand Werkzeug zu Leibe rücken, nehmen Sie sich Zeichenblock und Stift und skizzieren den Baum aus zwei Richtungen in etwa zehn Schritten Abstand. Vielleicht ist es nicht einfach, die verschlungenen Pfade der verschiedenen Äste und Zweige zu entwirren. Im Winterhalbjahr, wenn das Laub fehlt, erkennen Sie die Struktur klarer. Neben dieser realitätsnahen Skizze entwerfen Sie danach auf dem Blatt Papier Ihr Idealbild von diesem Baum. Sie sind dazu in der Lage, auch wenn Sie nicht Goethe heißen. Es reicht zu wissen, dass sich jeder Baum in drei Dimensionen regelmäßig aus dem Stamm von innen nach außen verzweigt, vom dicken Leitast bis hin zum feinsten Zweig. Eine klar erkennbare Spitze führt das jährliche Wachstum. Weitere Bedingungen für die Gestalt des Baumes sind Sorte, Standort und Klima.

Überall wo ein Hauptast, selbst der Stamm, unerklärliche Knicke und Windungen vollführt, wo abzweigende Äste in ungewöhnlichen Winkeln stehen, wo aus verdickten Stellen viele dünne Triebe direkt nebeneinander sprossen, dürfen Sie vermuten, dass Schere und Säge am Werk waren. Oft sieht man Apfelbäume, die in der Höhe dicke Büschel von einander überwölbenden Ästen ausgebildet haben, während der Baum von innen heraus und in den unteren Partien verkahlt. Diese Missbildung weist auf unsachgemäße Pflege oder schlichtes Desinteresse der Besitzer hin. Wenn der Baum keine klare Spitze ausbilden konnte, treibt er »Wuschelköpfe«. Und wenn man die Ernte vernachlässigt, wird auch kein Wert darauf gelegt, dass die guten Äpfel in für die Leiter erreichbaren Höhen gedeihen. Bei nicht gepflegten Bäumen ist die Ernte oft enttäuschend. Die Früchte bleiben klein, sind mit Schorf überzogen und faulen schnell. Und an die wenigen guten Exemplare kommen Sie nicht heran.

Erwarten Sie an dieser Stelle kein Sanierungskonzept für alte Apfelbäume. Baumschnitt erlernt man am besten, wenn man bei erfahrenen Leuten in die Schule geht. Sie helfen Ihrem Baum aber auf jeden Fall, wenn Sie abgestorbene Teile entfernen, wenn Sie an Stellen, wo das Holz zu dicht aufeinandersitzt, Licht und Luft schaffen, wenn Sie

Schneisen freilegen, damit die Leiter an den Baum gelehnt werden kann, und wenn Sie schließlich dem Trieb eine privilegierte Stellung verschaffen, der Ihrer Meinung nach die Spitze bilden sollte. Behalten Sie immer das Idealbild Ihres Baumes vor Augen. Schämen Sie sich nicht, vor jedem Handgriff nachzudenken und die Leiter noch einmal herunterzuklettern, um sich das Ganze aus gewisser Entfernung anzusehen. Es hat viele Jahre gedauert, bis Ihr Baum diese krumme Gestalt angenommen hat. Sie können in einer Baumschnitt-Saison (von November bis März) nicht alles wiedergutmachen.

Was Sie an Werkzeug auf jeden Fall brauchen:

- **Gartenschere** mit kurzer Klinge, die gut in der Hand liegt
- **Astsäge** mit langem und schmalem Blatt
- **Schneidegiraffe,** auf mehrere Meter ausziehbar
- **Obstbaumleiter** mit Spitzen am Fuß für sicheren Stand. Für Hanglagen und schwer zugängliche Partien ist die Einholmleiter »Tiroler Steigtanne« unübertroffen (Bezugsquelle siehe Seite 169).
- **Taschenmesser**
- **Schleifstein**

Auch wenn die meisten Apfelbäume Düngung nicht gewohnt sind, nehmen sie solche Gaben dankbar an. Einmal im Frühjahr etwas Kompost und Holzasche reichen schon. Wichtig ist, die Baumscheibe, d. h. den Platz rings um den Stamm unter der Krone, von Gestrüpp und hohem Gras freizuhalten. Damit ersparen Sie dem Baum Wurzelkonkurrenz. Den Grasschnitt können Sie einfach als natürlichen Dünger liegen lassen. Wer sich mit seinen Bäumen schon etwas besser versteht, kann die Rindendüngung anwenden. Denn innerhalb der Rinde, im Kambium, bilden sich die Knospen. Zunächst wird die Rinde am Stamm und am Anfang der Leitäste kräftig abgebürstet und von Flechten, Moos und lockeren Schuppen befreit. Dann wird sie mit einem Brei aus Kuhmist und Lehm (Spezialisten fügen noch Molke, Holzasche und Basaltsand hinzu) bestrichen. So kann sich der Baum von der Rinde her verjüngen.

Schädlings- und Krankheitsbekämpfung, die über die einfache Pflege hinausgeht, erfordert Spezialwissen und ist, sofern Chemikalien eingesetzt werden, nur mit höchster Vorsicht zu genießen. Schorf zum Beispiel findet sich häufig auf Apfelbäumen. Schorf ist keine Krankheit, sondern zunächst ein Schönheitsfehler, der nicht den Geschmack des Apfels, sondern die Dauer seiner Haltbarkeit beeinträchtigt. Gegen Schorf werden, auch im integrierten Anbau, als »Pflanzenschutzmittel« Fungizide gespritzt, die laut Hersteller die Pflanze lückenlos bedecken und sehr haftfähig sind. Fungizide und Insektizide, auch unter dem Namen Pestizide zusammengefasst, können, vom Menschen aufgenommen, selbst in kleinsten Mengen schädliche Auswirkungen auf Gesundheit und Immunsystem haben.

Äpfel, die im Handel mit dem Signet »integrierter Anbau« angeboten werden, erwecken lediglich den Anschein einer schadstofffreien Produktion. Die Richtlinien für den Südtiroler Obstbau beispielsweise definieren den integrierten Anbau als »wirtschaftlich erfolgreiche Erzeugung von Qualitätsobst bei bestmöglichem Schutz der menschlichen Gesundheit und der Umwelt. Natürliche Pflegemaßnahmen sind zu empfehlen, um den Einsatz von Agro-Chemikalien möglichst gering zu halten«. Das ist schön gesagt, aber letztlich kann jeder Obstbauer machen, was er will. In einer breit angelegten Untersuchung zum Obst vom Bodensee wurde »generell eine große Diskrepanz zwischen dem oft formulierten Anspruch und der praktizierten Wirklichkeit des integrierten Obstbaus« festgestellt.

Wenn Sie Äpfel im Handel kaufen, sind die aus kontrolliert biologischer Produktion vorzuziehen, auch wenn sie nicht von Streuobstwiesen stammen. Wenn Sie die Äpfel direkt beim Klein-Erzeuger kaufen, dem das Prüfungsverfahren für das Bio-Siegel zu aufwendig ist, hilft nur Vertrauen. Wenn Sie selbst ernten oder mit Genehmigung des Grundstücksbesitzers auflesen, achten Sie zudem in jedem Fall darauf, dass die Bäume nicht an einer viel befahrenen Straße stehen.

Der Apfelanbau hat in Europa eine mindestens zweitausendjährige Tradition, die in vielen Regionen fest verwurzelt ist. Der politisch erzwungene Wandel zur industrialisierten Landwirtschaft nach Ende des Zweiten Weltkrieges hat nicht nur Dutzende Millionen Obstbäume ausgerissen, sondern auch sehr viel Wissen verschüttet. Was unter dem Begriff »Bio« als neu aufkommt, ist vielfach ein Rückgriff auf vernachlässigte Traditionen. Für sinnvolle Neuerungen sind alle aufgeschlossen: Auch Traditionalisten benutzen das Internet und Baumsägen aus spezialgehärtetem flexiblen Edelstahl.

Die Ernte

Die Apfelernte ist eine erfreuliche und meistens gesellige Angelegenheit. Wie oft ist sie erzählt, besungen, gemalt worden! Der Apfelernte fehlt der Stress. Sie haben ausreichend Zeit, sich das passende Wochenende auszusuchen, denn die Äpfel reifen nach und nach am Baum. Sie sind nicht so empfindlich wie Kirschen, die schnell platzen oder faulen können. Der Zeitraum für die Apfelernte erstreckt sich, je nach Sorte und Lage, über ein Vierteljahr von August bis November. Der Zeitpunkt der Pflückreife ist erreicht, wenn sich die Frucht durch Hochheben und Drehen leicht vom Ast lösen lässt. Dabei bleibt nur der Stiel, nicht aber das Fruchtholz am Apfel. Der leise Knacks, den Sie dabei hören, gab dem Pflücken den Namen »Brechen«.

Genießen Sie den Reichtum der Natur an einem sonnigen Herbsttag auf der Leiter zwischen glänzendem Laub und duftenden leuchtenden Äpfeln! Freilich gehören auch Ausdauer und Sorgfalt dazu. Denn Sie müssen die zur Lagerung vorgesehenen Früchte unbeschädigt in die Umhängetasche packen und am Boden in Kisten oder flache Steigen sortieren. Angestoßene oder angepickte, auch deutlich schorfige Äpfel gehören in einen extra Korb und müssen zuerst verbraucht werden, da sie sich zum Lagern nicht eignen. Mit dem Apfelpflücker erreichen Sie zwar auch entfernte Baumregionen und sparen sich viel Kletterei, die Früchte werden aber leicht beschädigt. Spätestens bei der Ernte merken Sie übrigens, ob der Baum richtig beschnitten wurde.

Ärgern Sie sich nicht, wenn Sie die schönsten Früchte hoch oben nicht mehr erreichen können! Erstens sind sie oft von Wespen oder Vögeln angepickt, und zweitens ist noch kein Meister vom Himmel gefallen, aber schon mancher vom Baum. Es ist deshalb nicht nur klug, sondern in Deutschland für Obstgrundstücks-Besitzer sogar Pflicht, eine Unfallversicherung bei der Landwirtschaftlichen Berufsgenossenschaft abzuschließen. Die meisten Unfälle könnten vermieden werden, wenn man die Leiter oben an dem Ast, an dem sie angelehnt ist, festbindet.

Wenn Sie nicht zum Apfel kommen, kommt der Apfel zu Ihnen, und die Ernte findet auf dem Boden statt wie bei Frau Holle, wo der Baum ruft: »Schüttle mich, schüttle mich, meine Äpfel sind reif!« Die Ernte am Boden geht schnell. Sie brauchen fleißige Hände und Eimer oder Körbe zum Sammeln und Säcke zum Abtransport. Auf eines müssen Sie auf jeden Fall achten: Faule, schlechte und unreife Äpfel gehören nicht in den Sack! Sie verderben mit großer Wahrscheinlichkeit alles. Sie gehören in einen separaten Eimer und auf den Kompost. So finden Wespen und Mäuse unter dem Baum keine Nahrung mehr, und Sie müssen, wenn Sie ein zweites oder drittes Mal Fallobst auflesen, nicht ständig wieder in die alten, faulen Äpfel fassen.

Einen Sack Äpfel können Sie trocken, kühl und schattig höchstens eine Woche stehen lassen, sonst war die Ernte umsonst. Sie müssen zügig verwertet werden. Kleinere Mengen verbrauchen Sie zu Hause, denn jetzt ist die Zeit für Apfelkuchen und Apfelmus und die vielen anderen Köstlichkeiten. Wer eine Apfelkur in die Erntezeit legt, nimmt dank viel Bewegung und wenig Kalorien besonders schnell ab. Größere Mengen werden zu Saft oder Schnaps weiterverarbeitet. Wenn Sie das nicht selbst tun, können Sie das Obst bei Sammelstellen großer Saftproduzenten oder örtlichen Keltereien für geringes Entgelt abliefern, sofern Sie Ort und Termin wissen. Inzwischen gibt es viele Initiativen zum Erhalt von Streuobstwiesen, die im lokalen Umfeld sammeln und dann einen eigenen Apfelsaft herstellen. Die Preise für das Obst sind dort meist besser. Erkundigen Sie sich bei Ihrer Gemeindeverwaltung nach dieser Möglichkeit. Statt Geld können Sie auch fertig in Flaschen abgefüllten Apfelsaft als Tauschsaft bekommen.

Guter Rat

Eines sollst Du Dir gut merken:
Wenn Du schwach bist, Äpfel stärken!
Äpfel sind die beste Speise,
für zu Hause, auf der Reise,
für die Alten, für die Kinder,
für den Sommer, für den Winter.

Für den Morgen, für den Abend,
Apfelessen ist stets labend.
Äpfel glätten Deine Stirn,
bringen Phosphor ins Gehirn.
Äpfel geben Kraft und Mut
und erneuern Dir Dein Blut.

Darum Freund, lass Dir doch raten,
esse frisch, gekocht, gebraten,
täglich ihrer fünf bis zehn,
wirst nicht dick, doch jung und schön,
und kriegst Nerven wie ein Strick:
Mensch, im Apfel liegt Dein Glück!

Verfasser unbekannt

Die richtige Lagerung

»Die können Sie im März noch essen!«, höre ich von »meiner« Marktfrau, als ich mich nach der Haltbarkeit ihrer Oktober-Äpfel erkundige. Essen kann ich sie schon, aber wie sehen sie in einem halben Jahr aus?

Zum Thema Lagerung werden Sie experimentieren und Ihre eigenen Erfahrungen sammeln müssen. Prüfen Sie zuerst Sorte und Qualität der Früchte, das ist das Wichtigste! Pauschal kann man sagen, dass Sorten, die spät zur Reife kommen und erst im Oktober oder November geerntet werden, länger haltbar sind.

Ein Apfel mit fester Schale und einem natürlichen Wachsüberzug eignet sich eher zur Lagerung als einer mit einem zarten Häutchen. Bei manchen Lageräpfeln, oft auch Winteräpfel genannt, fallen Pflück- und Genussreife nicht zusammen.

Vor allem kommt es darauf an, dass Sie einen unbestechlichen Blick für jede einzelne Frucht entwickeln, ob sie unbeschädigt ist. Jetzt zeigt es sich, ob Sie bei der Ernte sorgfältig vorgegangen sind und ob die Äpfel beim Transport durch Stoßen und Rütteln Druckstellen bekommen haben. Sie sehen in der Regel von außen, ob der Wurm drin ist, ob der Apfel braune Druckstellen hat oder ob die Schale verletzt ist. Unter Schorfstellen, die geschmacklich den Apfel zunächst nicht beeinträchtigen, bildet sich schneller Fäulnis.

Lassen Sie den sorgfältigen Blick einmal pro Woche über Ihre Schätze schweifen! Dann entgeht Ihnen selten, wenn Früchte stippig werden oder von innen heraus faulen und schwarz im Regal liegen. Mit verdorbenen Äpfeln ist es unserer Beobachtung nach wie mit Erkältungen: Die Krankheit kommt meistens von innen heraus und weniger durch äußere Ansteckung.

In der Apfelkiste kann Ihnen leichter entgehen, wenn irgendwo etwas faul ist. Deshalb lagern die Früchte am besten in flachen Steigen oder auf großflächigen Regalböden. Besonders komfortabel sind spezielle großformatige Schubladenregale.

Sie spüren am herrlichen Duft im Keller, dass der Apfel, auch wenn er längst nicht mehr am Stamm hängt, ein inneres Leben bewahrt hat. Er hat einen eigenen Stoffwechsel, gibt Wasser und Kohlendioxid ab und lebt von den gespeicherten Nährstoffen. Deshalb verändern Äpfel auch ihren Geschmack im Laufe der Lagerzeit; sie verlieren zum Beispiel an Säure. Die Kunst der Lagerhaltung besteht eigentlich darin, diesen Stoffwechsel zu verlangsamen und die Alterung hinauszuzögern. Das geht am besten bei Temperaturen von 6 °C und einer Luftfeuchtigkeit von 90 %. Zu viel Feuchtigkeit begünstigt die Schimmelbildung. Je mehr Kohlendioxid in der Atmosphäre des Lagers vorhanden ist, umso langsamer geben die Äpfel Kohlendioxid ab. Diesen Effekt nutzen moderne Kühlhaustechniken mit kontrollierter Atmosphäre, die Sie im Privathaushalt aber nicht anwenden können.

Kleinere Mengen Äpfel können Sie in Plastiktüten gasdicht lagern. Wenn Sie ganze Kisten mit Folie umhüllen, können Sie die Früchte aber nicht mehr kontrollieren. Wenn im gleichen Keller Apfelwein gärt, entsteht weiteres Kohlendioxid. Den Kellermeistern in alten Klöstern wurde geraten, in den tiefen fensterlosen Keller nur mit einer brennenden Kerze in der Hand hinunterzusteigen. Erlosch die Kerze, hatte sich also zu viel Kohlendioxid unten angesammelt, drohte dem Kellermeister der Erstickungstod, vor allem, wenn er bereits die Qualität seines Weins zu intensiv verkostet hatte.

Dieses Risiko ist in modernen Gebäuden gering. Da sind die Keller eher zu warm, zu hell und zu trocken. Dennoch finden sich, beispielsweise im Fahrradraum, auf dem Dachboden oder in Kellerfensterschächten für Ihren Apfelvorrat oft ausreichende Plätze in gleichmäßig kühler Umgebung. Sie können auch freundliche Nachbarn fragen, die Ihnen gegen eine geringe Miete in Naturalien Zugang zu einem passenden Raum gewähren. Es gibt fleißige Apfelesser, denen Balkon und Schuppen gut ausreichen, solange sie ihren Vorrat vor Frost unter minus 4 °C schützen können.

Im Lagerraum empfehlen wir eine Abteilung für die guten, haltbaren Äpfel, eine für die, die demnächst verbraucht werden, und zusätzlich einen Eimer für den Biomüll. Es wäre übrigens ein Fehler, die großen Äpfel als besondere Schätze am längsten aufzubewahren. Sie sollten zuerst verbraucht werden, denn kleinere Früchte halten länger. Eine Schale duftender Äpfel für den Bedarf der kommenden drei, vier Tage halten Sie ohnehin in Küche, Wohn- oder Arbeitszimmer bereit.

Bevor Sie sich aber die Lust verderben und jeden Morgen zum Müsli nur die angestoßenen und unansehnlichen Äpfel schnippeln, während die schönen im dunklen Keller verborgen bleiben, weil man ja, wie gesagt, zuerst die minderen verbrauchen soll, nutzen Sie dafür die Rezepte in diesem Buch.

Essen von der verbotenen Frucht

Die Schlange war listiger als alle Tiere des Feldes, die Gott, Jahwe, gemacht hatte. Sie sprach zu der Frau: »Hat Gott wirklich gesagt: Von keinem Baum des Gartens dürft ihr essen?« Da antwortete die Frau der Schlange: »Von den Früchten der Bäume im Garten dürfen wir essen; nur von den Früchten des Baumes, der in der Mitte des Gartens steht, hat Gott gesagt: Davon dürft ihr nicht essen, und daran dürft ihr nicht rühren, damit ihr nicht sterbt.« Da sagte die Schlange zur Frau: »Keineswegs werdet ihr sterben! Sondern Gott weiß, dass an dem Tag, da ihr davon esst, euch die Augen aufgehen und ihr wie Gott sein werdet, erkennend Gutes und Böses.«

Da sah die Frau, dass es köstlich wäre, von dem Baum zu essen, und eine Lust für die Augen und dazu verlockte, weise zu werden. Sie nahm von seinen Früchten und aß; sie gab auch ihrem Mann neben ihr, und auch er aß. Da gingen beiden die Augen auf, und sie erkannten, dass sie nackt waren. Sie hefteten Feigenblätter zusammen und machten sich Schurze.

1. Buch Mose (Genesis) Kapitel 3, Verse 1 – 7

Dass der Baum in der Mitte des Paradieses ein Apfelbaum gewesen sei, steht nicht in der Bibel. Dennoch ist sich die europäische ikonographische und literarische Tradition dessen immer sicher gewesen. Diese Deutung geht auf vorchristliche Traditionen zurück, wonach der Apfel Symbol des Lebens wie des Todes sein kann und der Apfelbaum eine irdische Verkörperung des Weltenbaums darstellt.

Apfelschätze erhalten

Apfelsaft und Apfelwein

Warum hat das Bier den in vielen Regionen vormals so beliebten Apfelwein verdrängt? Wenn Sie an dieser heißen Frage mitdiskutieren wollen, können Sie sich zu einem der Seminare der schwäbischen Mostakademie (Adresse siehe Seite 168) anmelden. Der Autor hat an anderer Stelle *(Wir Häuslesbauer. Geschichten wo jeder mitreden kann,* SP-Verlag, Albstadt, 2004) die These entwickelt, dass der Rückgang des Apfelweinkonsums mit der Zunahme der Einfamilienhausbebauung in Neubaugebieten korreliert.

Ungeachtet dieser Debatte, die bei lebhaftem Konsum des erfrischend-berauschenden Hausgetränks weiterhin geführt wird, muss festgestellt werden, dass der Genuss von Apfelwein überwiegend im Kontext von derber Folklore der Besenwirtschaften begriffen wird und eben nicht als salonfähig gilt. Niemand sieht es als unschicklich an, im Foyer der Hamburger, Stuttgarter oder Wiener Oper ein Pils zu sich zu nehmen, ein Viertel Apfelwein hingegen wäre unvorstellbar. Die Bedienung an der Theke des Opernhauses wüsste wahrscheinlich nicht einmal, in welchem Glas und bei welcher Temperatur ein solches Getränk zu servieren wäre.

Für den Apfelsaft gilt dieser Negativtrend nicht im gleichen Umfang, wenngleich es nach wie vor nicht selbstverständlich ist, einen reinen und naturtrüben Saft, der nicht aus Konzentrat hergestellt ist, zu bekommen. »Mehr darf Durst nicht kosten«, schreibt die Werbung der Lebensmitteldiscounter und bietet Apfelschorle für 0,33 Euro pro Liter an. Was darin wohl vom Apfel übrig geblieben ist? Aus den sächsischen Obstbaugebieten wird berichtet, dass der Verbrauch von heimischem Apfelsaft nach der Wende 1990 rapide zurückging, weil man den billigen Import-Orangensaft als zeitgemäßer empfand.

Dabei könnte alles so einfach sein. Sie brauchen im Grunde nicht mehr als einen Aktions-Samstag im Herbst, an dem Sie, wie im Kapitel »Die Ernte« (ab Seite 33) beschrieben, Äpfel entsprechend Ihrem Jahresbedarf auflesen und bei einer Obstannahmestelle abliefern, von der Sie dann eine Gutschrift für fertig in Flaschen abgefüllten Apfelsaft im Tauschverfahren erhalten. Sie kaufen den Saft billiger, weil Sie den Rohstoff geliefert haben und nur noch die Saftherstellung und Abfüllung bezahlen. Als Faustregel zur Mengenberechnung gilt: Drei Fünftel des Obstgewichts in Kilogramm ergeben die Saftmenge in Litern. Wenn Sie 100 Liter Saft wollen, müssen Sie etwa 160 Kilogramm Äpfel sammeln, also sechs bis sieben Halbzentner-Nylonsäcke voll. Die Säcke sind billig und oft verwendbar und in dieser Größe auch von nicht besonders kräftigen Männern und Frauen zu transportieren. Nicht vergessen: Faule und unreife Früchte, Zweige und Blätter gehören nicht in den Sack! Der Wurm im Apfel schadet hingegen nicht.

Lokale Naturschutz-Initiativen veranstalten zunehmend Sammelaktionen für naturbelassene Äpfel von Streuobstwiesen. Wenn Sie dort abliefern, bekommen Sie Saft mit dem Etikett der Gemeinde oder des Landkreises. Da weiß man dann (hoffentlich!), was man hat. Diese Säfte können Sie, solange der Vorrat reicht, auch zu einem höheren Preis kaufen, wenn Sie selbst nichts abgeliefert haben.

Wollen Sie hingegen den Saft der eigenen Äpfel, wird der Aufwand etwas größer. Dafür können Sie die Früchte-Komposition wählen, die Ihnen am besten schmeckt. Sie können Birnen oder Quitten beifügen oder sortenreine Säfte verschiedener Art herstellen. Sie können das Süße-Säure-Verhältnis durch die Auswahl der Früchte bestimmen. Natürlich werden Sie nur die besten Früchte in optimaler Reife nehmen. Als beste Zeit dafür gilt, je nach Lage und Sorte, die zweite Oktoberhälfte. Der Apfelsaft und seine Folgeprodukte (Wein, Schaumwein, Branntwein, Essig) können so Premium-Qualität oder Gourmet-Charakter erhalten. Sie fördern damit die Kultur der Apfel-Verwertung und befördern ein ehedem provinziell-rückständiges »Gesöff« zu einer handverlesenen regionalen Spezialität. Von den Winzern können Sie dabei viel lernen.

Abgesehen von dem nur für kleine Mengen infrage kommenden **Dampf-Entsaften** (siehe Kapitel »Eingemachtes« Seite 63) wird der Saft in der Regel durch Zerkleinern oder Musen der Früchte und anschließendes **Auspressen** gewonnen. Nahezu alle Vitamine und wertvollen Inhaltsstoffe bleiben erhalten. Wenn Sie Handarbeit bevorzugen oder Kinder in die Saftherstellung einweihen wollen, benutzen Sie nach alter Väter Sitte eine Mühle mit Handkurbel und eine Spindelpresse. Sie können diese Geräte neu kaufen, aber es gibt noch mehr gebrauchte, als man denkt. Die Saftausbeute aus diesen Pressen ist geringer als bei maschinellen Pressen mit hohem Druck, der Saft wird aber angeblich besser, weil Bitterstoffe aus Stielen und Kernen im Trester verbleiben.

Normalerweise lässt man das Zerkleinern und Pressen in einem Arbeitsgang bei der lokalen Mosterei machen, bei der man dann auch den Saft des eigenen Obstes bekommt. Wenn man nur zerkleinern will, zum Beispiel zur Herstellung von Brennmaische, geht das auch im Gartenhäcksler. Er muss dazu allerdings sauber sein.

Für den Transport des frisch gepressten Saftes nach Hause in den Keller brauchen Sie ausreichend Fässer und Kanister, die Sie am besten in einem Anhänger verstauen, weil der leichter zu reinigen ist als ein Kofferraum. Schürze und Gummistiefel können hilfreich sein, bis der Saft dorthin gefüllt ist, wo Sie ihn haben wollen. Frische Apfelsaftspritzer sind problemlos mit klarem Wasser zu entfernen, trocknen sie an, wird das eine klebrige und schmutzige Angelegenheit.

Es empfiehlt sich, den Saft über Nacht in einem großen Fass mit Auslaufhahn stehen zu lassen. Dann können sich die gröberen Trübstoffe unten absetzen, bevor Sie an die weitere Verarbeitung gehen. Der **Lagerplatz** soll möglichst kühl und frostfrei sein, muss aber nicht alle Eigenschaften aufweisen, die zum Lagern von Tafeläpfeln erforderlich sind. Es eignet sich zum Beispiel auch ein Fahrradraum, wenn Sie sicherstellen können, dass sich niemand unerlaubt etwas abzapft.

Manchmal sind im Oktober die Nächte schon kalt, dann kann sich ein frisch gepresster Apfelsaft im Schatten auf dem Balkon bis zu zehn Tagen halten, bevor er zu gären beginnt. Bei Normaltemperaturen schmecken Sie am fünften Tag, dass es »bizzelt«. In dieser Zeit werden oft unerwartet große Mengen des köstlichen frischen Saftes konsumiert; für manche Leute wird er zum Hauptnahrungsmittel. Haben Sie aus der Mosterei mehr mitgebracht als Sie dachten, ist eine Saft-Party angesagt, bei der pro Teilnehmer schon mal zwei Liter verbraucht werden.

Wie macht man den Saft nun haltbar? Die in jedem natürlichen Saft vorhandenen Hefepilze ruhen nicht, sie »schaffen«, wie der Schwabe sagt, und setzen zunächst langsam, dann aber heftig, die alkoholische Gärung in Gang. Bei Hitzeeinwirkung von etwa 82 °C werden sie abgetötet. Der Saft muss danach weiterhin unter Luftabschluss gelagert werden. Die traditionelle Methode, die schon manche Familie in mitternächtlichen Stress versetzt hat, ist das **Einkochen in Flaschen** (siehe Kapitel »Eingemachtes«, Seite 63).

Am praktischsten ist das heiße **Abfüllen in Bag-in-Box-Gebinde** (Einwegverpackungen). Hier wird der frisch gepresste und erhitzte Saft in spezielle Kunststoffbeutel mit Auslaufhahn (5, 10 oder 20 l) gefüllt und kann dann in Pappkartons eingelegt werden. Dieses High-Tech-Produkt ist so konstruiert, dass beim Zapfen keine Luft in den Behälter gelangt und der Saft somit konserviert bleibt. Die Kartons lassen sich problemlos im Keller stapeln. Der Inhalt hält sich 18 Monate lang. 20-Liter-Gebinde sind für den Privatverbraucher zu groß, aber die beiden anderen Größen sind je nach Anzahl der durstigen Kehlen in der Familie gut praktikabel. (Und Sie können Ihre Überschüsse kartonweise verschenken oder sonst wie weitergeben.) Viele Mostereien haben inzwischen in eine Abfüllstraße für diese Gebinde investiert, sodass Sie gewiss auch eine in Ihrer Nähe finden. Gegebenenfalls suchen Sie in dem Verzeichnis, das der NABU auf seiner Internetseite pflegt (Adresse siehe Seite 166).

Ebenfalls zu den technischen Innovationen für die Apfelsaft-Konservierung gehören die **Druckmostfässer.** Der Saft wird kalt in ein Edelstahl-Druckfass gefüllt und durch eine Kohlensäurepatrone unter 1 bar Überdruck gesetzt. Dieser Druck reicht aus, um die Gärung zu unterbinden und ein komfortables Zapfen in Schanktischhöhe zu bieten. Die Bequemlichkeit hat ihren Preis: Ein 100-Liter-Druckfass kostet über 300 Euro.

Die **Schwimmdeckelfässer** wiederum nutzen eine alte Technologie, die angeblich schon die Römer kannten. Direkt auf der Oberfläche des Saftes schwimmt ein flacher Deckel mit hochgebogenem Rand. Sein Durchmesser ist etwa einen Zentimeter geringer als der Innendurchmesser des zylindrischen und oben offenen Fasses. Zwischen Deckelrand und Fass-Innenwand wird geruchsneutrales Vaselineöl eingebracht und damit die Flüssigkeit luftdicht abgeschossen. Wird durch den unten sitzenden Zapfhahn Saft entnommen, sinkt der Flüssigkeitsspiegel im Gefäß samt Deckel einfach etwas ab, und dennoch kann keine Luft an den Saft kommen. Der Verschlussdeckel oben auf dem Fass verhindert lediglich, dass etwas hineinfällt, was nicht dazugehört. Bei dieser Methode muss der Saft nach dem Befüllen auf 82 °C erhitzt werden. Dazu gibt es große Tauchsieder. Schwimmdeckelfässer aus Edelstahl kosten etwa zwei Drittel weniger als Druckfässer.

Beim **Apfelwein** hilft der Alkohol als natürliches Konservierungsmittel. Wir haben uns in diesem Buch für die eindeutige Bezeichnung Apfelwein entschieden, weil der Begriff »Most« mal für Süßmost, mal für vergorenen Apfelwein gebraucht wird. In der Region Saar/ Luxemburg ist der Name »Viez« gebräuchlich, denn der Apfelwein kommt als Vize des Traubenweins zu seinem Recht, wenn man den Bembel anders nicht mehr füllen kann. Der Name »Most« geht übrigens auf den lateinischen Schriftsteller Plinius den Älteren zurück, der in einem Bericht nach Rom den *vinum mustum* erwähnte, einen jungen gärenden Wein aus Landesfrüchten, mit dem die Germanen sich zu berauschen pflegten. In der Tat ist das ganz junge, in der Gärung schäumende Getränk, das eher noch nach süßem Saft als nach vergorenem Wein schmeckt, ein zuverlässiger Stoff für ausgiebige Besäufnisse. Der Autor wurde als soeben in Tübingen eingetroffener junger Student mit *vinum mustum* einmal so gründlich abgefüllt, dass er Zeit seines Lebens das Interesse am Apfel und seinen Derivaten behalten hat.

Geschmack und Qualität des Apfelweines hängen, wie oben beschrieben, zu allererst von der Güte des Saftes ab. Darüber hinaus können Sie, wenn Sie sorgfältig arbeiten und Ihre Gerätschaften sauber halten, nicht viel falsch machen.

Was man zur Apfelwein-Herstellung braucht:

- ❍ ein **Plastikfass** von 30, 60 oder 120 Liter Inhalt mit Auslaufhahn
- ❍ einen **Gärspund**
- ❍ **Reinzuchthefe**
- ❍ einen **Lagerraum** mit etwa 10 – 15 °C stabiler Temperatur

Die Gerätschaften erhalten Sie in Baumärkten und Raiffeisen-Verkaufsstellen, manchmal auch im Haushaltswaren-Fachhandel. Ein 120-Liter-Fass bester Qualität kostet mit Zubehör etwa 70 Euro. Da man im Lauf der Zeit doch mehrere Fässer braucht, sollte man beim gleichen Hersteller bleiben. Sonst passen Auslaufhähne und anderes Zubehör nicht zusammen.

Früher, als es noch die guten alten Drogerien mit erfahrenen Drogisten gab, konnte man sich beim Kauf von Fass und Hefe guten Rat zusätzlich mitnehmen. Das Wichtigste erläutern heute die Beipackzettel bzw. die Kataloge der Hersteller.

Sie füllen also den Saft ins Fass, nachdem Sie sich vergewissert haben, dass es sicher steht, der Hahn fest sitzt und auch geschlossen ist. Wenigstens zehn Zentimeter Luft sollten unter dem Deckel bleiben. Bevor Sie den Deckel mit der dazugehörigen Schnalle fest verschließen, geben Sie nach Anleitung des Herstellers die Reinzuchthefe in den Saft. Der Gärspund wird bis zur Markierung mit Wasser gefüllt und fest in die Öffnung im Fassdeckel eingesetzt.

Die Hefe sorgt für gleichmäßige Gärung, der Spund verhindert das Eindringen unerwünschter Bakterien oder Insekten. Von jetzt ab müssen Sie nur noch warten, je nach Verlauf der Gärung zwei bis drei, manchmal auch vier Monate. Die bei der Gärung entstehende Kohlensäure entweicht blubbernd durch den Spund, ein Geräusch, das Ihnen anzeigt, dass Ihr Apfelwein auf dem besten Wege ist. Füllen Sie Ihr Probierglas am Auslaufhahn in nicht zu großen Zeitabständen und werfen Sie dabei einen Blick auf den Gärspund und gießen gegebenenfalls etwas Wasser nach.

Der Wein ist fertig, wenn er klar durchs Glas scheint. Alle weiteren Kniffe, wie Mostgewichtbestimmung, Säuremessung, Nassverbesserung, Schwefelung, Abzug von der Hefe, Schönung usw. sind fürs Erste entbehrlich und werden in den einschlägigen Weinfibeln genau beschrieben.

Wenn Sie das Fass dann etwa zur Hälfte leer getrunken haben, empfiehlt sich ein Umfüllen (»Abstich«) in ein kleineres Gefäß, immer aber mit Gärspund. Die im ersten Fass am Boden unterhalb des Auslaufhahns liegende beige, zähflüssige Masse ist eine Mischung aus abgesunkenen Trübstoffen und abgestorbenen Hefen. Sie wird weggeschüttet.

Wenn Sie sorgfältig über das Ausgangsmaterial und Ihre Kellermeister-Aktivitäten Buch führen, werden Sie bald Geschmack daran finden, verschiedene Weine zu produzieren.

Im Übrigen gilt es unter Kennern als fantasielos, den Apfelwein bloß pur zu trinken. Für den täglichen Durst empfiehlt sich ein mit Mineralwasser verlängerter Gespritzter, autofahrenden Gästen bietet man die Mostbowle, versetzt mit süßem Sprudel und Zitronenscheiben, an, und gegen die im Spätherbst drohenden Erkältungen hilft unmittelbar vor dem Zubettgehen heißer Apfelpunsch aus Apfelwein mit Honig, Zimt, Obstler und einem Drittel Apfelsaft. Hartgesottene Frankfurter schlucken sogar Korea, eine Mischung mit Cola oder den Bembelschlebber, einen Apfelwein-Bier-Verschnitt.

Auf höherer Verarbeitungsstufe: Schaumwein, Branntwein, Likör, Essig

Den **Apfelwein** zu **Apfelsekt** zu veredeln, wäre nicht besonders schwierig, stünde nicht das deutsche Schaumweinsteuergesetz, vertreten durch das Hauptzollamt, im Wege. Also nichts wie weg nach Frankreich, zum **Cidre,** oder in die Schweiz!

Durch fleißige Propaganda konnte eine Schweizer Initiative die Produktion von Hochstamm-Süßmost des Schenkenberger Tales (Kanton Aargau) innerhalb eines Jahres verdoppeln: Sie hatte einen Sekthersteller dafür gewonnen, *Mousseux de Pommes* ins Programm zu nehmen. Das neue Getränk wurde in dem eigens sogenannten *Mousseux-Stübli* der Öffentlichkeit vorgestellt. Nach den Berechnungen der Initiative könnten in der Region zusätzlich 5000 Hochstamm-Apfelbäume erhalten werden, wenn jeder Aargauer Einwohner pro Jahr eine Flasche des nach der Champagner-Methode hergestellten Apfel-Schaumweins konsumierte. Champagner darf man allerdings auch den edelsten Apfelsekt nicht nennen, sonst gibt's Ärger mit den französischen Herstellern. Ein wackerer Schwabe, Kellermeister und Gastwirt aus dem Filstal, kreierte für seinen Schampus den Namen *pommello yello* (Adresse siehe Seite 169).

Wenn Sie im deutschen Keller mit eigenen perlenden Kreationen *(Prosecco pomologico)* experimentieren, sollten Sie doppelt vorsichtig sein. Versetzen Sie gut durchgegorenen Apfelwein mit höchstens sechs bis acht Gramm Zucker pro Liter, füllen ihn in saubere Sprudelflaschen und schließen den Deckel fest. Der Zucker startet erneut eine Gärung, das Kohlendioxid kann nicht entweichen und bleibt unter Druck im Wasser gelöst. Auch wenn der Zöllner nicht anklopft, müssen Sie sich auf Überraschungen beim Ergebnis einstellen und die Flaschen vorsichtig lagern und öffnen. Besser ist aber, Sie verlassen sich auf Profis.

Wenn Alkohol oder andere Rauschmittel ins Spiel kommen, mischt sich der Staat mit Gesetzen, Verordnungen und Steuererhebungen ein. Der Apfelwein ist glücklicherweise davon nicht betroffen, beim Schaumwein wird es schon kritisch, beim **Branntwein** gibt es kein Pardon. Die deutsche Gesetzgebung ist besonders streng, und die Vorschriften werden so rigide durchgesetzt, dass sich mancher bayrische Schluckspecht nur deswegen einen Bauernhof in Österreich gekauft haben soll, weil darauf ein altes Brennrecht liegt. Bevor Sie sich mit Lust daran machen, Schnaps zu brennen (siehe Buchtipp Seite 169), sollten Sie also bei den Finanzbehörden die Gesetzeslage recherchieren.

Der deutsche Gesetzgeber schreibt vor, dass Sie nur dann Obst zum Brennen in eine lizenzierte Brennerei bringen dürfen, wenn Sie selbst »Stoffbesitzer« sind, d. h., die Äpfel müssen auf Ihrem eigenen Grund und Boden gewachsen sein. Des Weiteren ist Ihnen verboten, die Alkoholausbeute zu steigern, indem Sie der Maische Zucker zufügen. Die Brennerei ist verpflichtet, all dies zu überprüfen, andernfalls könnte sie das Brennrecht verlieren. Juristisch gesehen hat der Staat doppelten Zugriff auf Ihre Schnapsproduktion: Sie dürfen weder gegen bestehende Gesetze verstoßen noch die Branntweinsteuer hinterziehen.

Genau genommen ist es denkbar einfach, von der eigenen Apfelernte einen guten Obstler zu bekommen. Sie müssen nur in der Region einen Kleinbrenner mit gutem Ruf ausfindig machen und ihm die eingemaischten und vergorenen Äpfel bringen. Je süßer die Äpfel, desto höher die Alkoholausbeute, je aromatischer, desto besser schmeckt der Schnaps! Dass Sie faule und unreife Früchte weglassen, versteht sich von selbst. Die Maische stellen Sie her, indem Sie die Früchte in einem Muser oder Häcksler zerkleinern (dieses Gerät kann man auch leihen), in ein sogenanntes Einschlagfass füllen, wie beim Wein mit Hefe versetzen und abwarten, bis die Gärung zu Ende ist. Die Einschlagfässer mit einem Volumen von 120 Litern sind meist grün oder blau, ohne Abflusshahn, mit einem schwarzen Deckel, der durch einen Fassreifen fixiert werden kann. Sie kosten etwa 30 Euro. Bei guten Fässern brauchen Sie nicht einmal einen Gärspund, weil der Deckel so gut sitzt, dass das Kohlendioxid entweichen, aber nichts von außen eindringen kann. Der Fassreifen wird erst nach Ende der Gärung und für den Transport geschlossen. Für den Transport ist zu beachten, dass 120 Liter Apfelbrei viel Gewicht sind.

Aus 120 Liter Kernobstmaische destilliert die Brennerei etwa 15 Liter Apfelbrand mit 42 % Alkohol. Sie bezahlen dafür Brennlohn und erhalten zusätzlich die Aufforderung, an die Bundeskasse einen bestimmten Betrag Branntweinsteuer abzuführen. In Deutschland addieren sich Brennlohn und Steuer auf 5 – 7 Euro pro Liter Branntwein mit 42 % Alkohol. Die Differenz zum Marktpreis für einen Liter guten Obstler ist groß genug, dass sich das Brennen gerade noch lohnt. Dies erklärt auch die These, dass der Obstler der Retter der Streuobstwiesen sei.

Den Apfelbrand bewahren Sie am besten in geräumigen Glasballons auf (komfortabel sind die mit Abflussschlauch). Er braucht Zeit zur Reifung, denn frisch gebrannt schmeckt der Schnaps noch scharf. Im Lauf der Monate verbinden sich Aromen und Alkohol zu einem runden Ganzen und dann darf ausgeschenkt werden. In der Brennerei können Sie übrigens auch den »Vorlauf« des Brandes verlangen. Die darin enthaltenen Alkohole sind nicht alle zum Genuss geeignet, aber sehr wohl zum Einreiben von müden Füßen oder als Fleckentferner.

Eine beliebte Weiterverarbeitung des Branntweins ist der Ansatz von **Likören,** ein Spezialgebiet, für das es Rezepturen ohne Ende und die entsprechenden Bücher gibt. Sie können auch hier der Fantasie freien Lauf lassen. Wir nennen nur zwei Beispiele und wählen den Busch von Frau Holle, die Ihnen in diesem Buch schon begegnet ist, den Holunderbusch:

Holunderblütenlikör und Holunderbeerenlikör:
Sie nehmen im Juni 15 große voll erblühte Dolden oder im September 1 kg reife Holunderbeeren, zupfen sie ab und übergießen sie mit etwa 1,5 l Apfelbrand. Den Ansatz mit Blüten lassen Sie ein paar Tage, den mit Beeren ein paar Wochen verschlossen stehen und filtern anschließend ab. Der Obstler hat nun Farbe und Aromen übernommen. Sie lassen 250 g Zucker in 500 ml Wasser eine Weile köcheln, bis Sie einen leichten Sirup erhalten. Den Sirup mischen Sie zum Blüten- bzw. Beerenansatz und geben dem Ganzen in einem Glasgefäß wiederum einige Wochen Zeit, sich zu einem Feinschmeckerlikör zu verbinden.

Das Gesündeste, was wir Ihnen, vom frischen Apfel einmal abgesehen, anbieten können, haben wir für den Schluss dieses Kapitels aufgehoben: den **Apfelessig.** Er gehört zum ehernen Bestand der Volksmedizin. Hildegard von Bingen hat seinen Nutzen auf den Punkt gebracht: »Essig reinigt das Stinkende im Menschen und sorgt dafür, dass sein Essen den rechten Weg geht«. Am Ende des vergangenen Jahrtausends, in den späten Neunzigerjahren, war Apfelessig Kult. Das Grundrezept, nach dem Sie möglicherweise hundert Jahre alt werden können, lautet: Jeden Morgen ein Glas nicht zu kaltes Wasser mit einem Schuss Essig versetzen, nach Geschmack mit einem Teelöffel guten Honig süßen und schluckweise trinken. Wir verzichten hier auf eine ausführlichere Darstellung der Anwendungen, weil es auch hierzu bereits reichlich Literatur gibt.

Wenn Sie Apfelwein hergestellt haben, ist es zum Essig nicht mehr weit. Essig ist das natürliche Endprodukt der alkoholischen Gärung und insofern das beste Konservierungsmittel – Essig währt am längsten. Spezielle in der Luft vorhandene Bakterien veranlassen den im Wein gelösten Alkohol, mit dem Luftsauerstoff zu Essig zu oxidieren. Dies geschieht am besten bei Temperaturen um 25 °C. Mittels Gärspund und kühler Lagerung versuchten Sie bei Ihrem Apfelwein genau diesen Prozess auszuschließen. Beim Essig ist es umgekehrt.

Der zur Essigbereitung vorgesehene Apfelwein wird in ein Gefäß mit großer Öffnung gegeben, die zum Schutz vor Verunreinigungen von außen mit Gaze oder einer durchsichtig gewordenen Baumwollwindel abgedeckt ist. Da die Essigbakterien es warm und dunkel mögen, ist der Heizungskeller oder ein ähnlich mollig warmer Ort günstig. Der dabei entstehende Essiggeruch sollte niemanden stören. Wirklich gut gedeiht der Essig nur, wenn Sie sich durch Herumfragen eine Essigmutter besorgen. Sie schwimmt als schlierenartiges Gewebe auf oder in der Flüssigkeit und ist der beste Nährboden für die Essigbakterien.

Ist der Essig fertig, also so sauer, dass Sie ihn unverdünnt nicht mehr trinken mögen, filtern Sie ihn durch ein Teesieb in Flaschen zum täglichen Gebrauch. Der Weg ist frei zum Ansatz mit Küchenkräutern wie Estragon, Petersilie oder Rosmarin, wenn Sie Ihren Salatdressings eine persönliche Note geben wollen. Die gute Essigmutter ist unterdessen so gewachsen, dass Sie ihrerseits ein Stück davon abgeben können; auf den Boden gesunkene Teile gehören in den Kompost. Bevor Sie Essig neu ansetzen, gönnen Sie der alten Essigmutter eine kurze Reinigung unter fließendem Wasser.

An der Luft getrocknet

Dörren mag Ihnen altmodisch vorkommen, und das ist es auch, denn Dörren ist die älteste Konservierungsmethode der Menschheit. Dörren ist billig und unkompliziert und erhält viele Inhaltsstoffe der Äpfel (und von anderem Obst, Gemüse, Kräutern, Fisch und Fleisch). Dörrgut ist leicht, gut aufzubewahren, einfach zu transportieren und Sie können jederzeit kleine Teilmengen davon entnehmen. Ihr täglicher Tee oder Ihr tägliches Bier werden nach wie vor mithilfe von Dörrprozessen hergestellt. Zum Dörren ist allerdings erforderlich, was Sie möglicherweise nicht ausreichend haben: Zeit und Platz.

Beim Dörren werden den Früchten durch Erwärmung auf 30 °C bis höchstens 50 °C und durch Luftaustausch etwa 80 – 90 % des Wassergehalts entzogen. Das schützt vor Schimmel und Fäulnis, allerdings nicht vor Maden und Motten. Deshalb gibt man das fertige Dörrgut in dicht schließende Gläser oder Dosen und bewahrt es im Schrank oder in einem dunklen Raum auf. Tageslicht kann Verfärbungen bewirken. Aus diesem Grund sind dem Dörrobst, das Sie im Handel erwerben und das in transparente Tüten abgefüllt ist, oft Konservierungsmittel beigefügt.

Weitere Konservierungszusätze wie Schwefel enthält handelsübliches Dörrobst, wenn es nicht ausreichend gedörrt ist. Es enthält noch zu viel Wasser und würde deshalb schimmeln oder faulen. Solches Obst hat höheres Gewicht: Der Hersteller kommt mit geringerem Wareneinsatz aus und kann billiger verkaufen. Der Kunde kauft Wasser und Schwefel mit und darf sich damit trösten, dass er seine Zähne beim Kauen weniger anstrengen muss.

Äpfel werden am besten in Ringen getrocknet. Mit einem Apfelausstecher drücken Sie Stiel, Kernhaus und Blüte (Stitz) aus der Frucht. Mit einem Wellenschliffmesser schneiden Sie den Apfel in feine Ringe von 2 – 3 mm Stärke. Am Duft der frischen Scheiben spüren Sie, dass säuerliche und kräftig aromatische Äpfel am besten zum Trocknen geeignet sind. Auf diese Weise können Sie täglich ein paar Äpfel nebenbei verarbeiten und brauchen keinen großen Küchenaufwand zu betreiben.

Für den Trocknungsprozess selbst gibt es verschiedenste Möglichkeiten. Sie können eine Schnur über die Heizung spannen und die Ringe auffädeln. Sie können die Ringe auf flache mit Stoff bespannte Holzrahmen, ähnlich wie Künstler-Leinwand, ausbreiten und dafür ein Gestell über dem Ofen anbringen. Sie können die Restwärme Ihres Kachelofens ausnützen. Trocknen im normalen Elektro-Backofen funktioniert meist nicht, denn Sie müssten die Backofentüre wegen der Luftzirkulation offen lassen, und da schaltet die Heizung ab.

Ökofreaks basteln sich einen Solar-Trockenschrank, der im Prinzip nichts anderes als ein kleiner Wintergarten oder ein großer Sonnenkollektor mit Lüftung ist. Eine Bauanleitung dafür gibt es für rund neun Euro (Bezugsquelle siehe Seite 169). Wer handwerklich nicht so gut ausgestattet ist, kann auch einen Bausatz oder einen fertigen Trockenschrank kaufen (siehe Seite 169). Den Solartrockner stellt man im Garten auf. In subtropischen und tropischen Ländern gibt es Solartrocknungsanlagen im großen Maßstab.

In den meisten Fällen wird die Wahl vermutlich auf einen elektrischen Dörrapparat fallen, ein Haushaltsgerät wie viele andere auch, mit einem Durchmesser von etwa 30 Zentimeter und einem Preis ab etwa 100 Euro. Er ist hygienischer als die meisten traditionellen Verfahren. Mehrere Siebe werden darin übereinander gestapelt und mit warmer Luft ventiliert. Die Dörrgeräte sind vielseitig verwendbar. Sie sollten allerdings Äpfel und Petersilie nicht im gleichen Trockengang dörren, wenn Sie Wert auf unverfälschtes Aroma legen.

Die Apfelringe sind fertig gedörrt, wenn sie eine ledrige Konsistenz aufweisen. Beim Kauen blüht die Erinnerung an den ehemaligen Apfel wieder auf. Apfelringe sind ideal als Proviant für unterwegs, nehmen

Durst und Hunger weg, werden von Kindern geliebt und können anstatt Süßigkeiten für den berühmten kleinen Hunger zwischendurch angeboten werden. Wenn sie ins Müsli oder in den Obstsalat geschnippelt werden, empfiehlt sich, wie bei Dörrobst generell, rechtzeitiges Einweichen in etwas Wasser, Saft oder bei Desserts für Erwachsene auch in Schnaps.

Der Apfelgarten

Komm gleich nach dem Sonnenuntergange,
sieh das Abendgrün des Rasengrunds;
ist es nicht, als hätten wir es lange
angesammelt und erspart in uns,
um es jetzt aus Fühlen und Erinnern,
neuer Hoffnung, halbvergessnem Freun,
noch vermischt mit Dunkel aus dem Innern,
in Gedanken vor uns hinzustreun
unter Bäume wie von Dürer, die
das Gewicht von hundert Arbeitstagen
in den überfüllten Früchten tragen,
dienend, voll Geduld, versuchend, wie
das, was alle Maße übersteigt,
noch zu heben ist und hinzugeben,
wenn man willig, durch ein langes Leben
nur das Eine will und wächst und schweigt.

Rainer Maria Rilke

Hinweise zu den Rezepten

Tipps für den Wintervorrat

Haben Sie Lust, sich einen leckeren Wintervorrat anzulegen? Hier finden Sie ein paar Anregungen dazu:

- Oberstes Gebot beim Einkochen oder Einmachen ist **Sauberkeit!** Gläser müssen frisch und möglichst heiß gespült und frei von Spülmittelresten sein. Dasselbe gilt für alles Werkzeug, das sie benutzen. Und später beim glücklichen Verbrauchen nehmen Sie aus Ihren Gläsern bitte nur mit sauberen Löffeln etwas heraus.
- **Faule Stellen oder Druckstellen** an den Früchten, die Sie verarbeiten wollen, gehören nicht ins Einmachgut. Wenn Sie Fallobst verwenden, so putzen Sie es entsprechend sorgfältig.
- Benutzen Sie einen **hinreichend großen Topf** zum Kochen von Marmeladen und Gelees und ähnlichen Speisen. Das Kochgut steigt beim sprudelnden Kochen ziemlich hoch und kann außerdem spritzen. Sie möchten ja nicht hinterher Ihre ganze Küche putzen müssen.
- **Marmeladen und Gelees** und Ähnliches füllen Sie **randvoll** in die Gläser; **Kompott, Mus und Saft** (wenn Sie ihn in der Flasche sterilisieren) nur **bis höchstens zwei Zentimeter unterhalb des Randes,** da sie beim Sterilisieren noch hochsteigen, bevor sich dann beim Abkühlen ein Vakuum bildet.
- Lagern Sie Ihre Winterschätze an einem Ort, wo es **zwischen mindestens 4 °C und höchsten 15 °C kühl** ist und möglichst dunkel, also im Keller oder in einer kühlen Speisekammer. Unter solchen Bedingungen ist alles Eingemachte ein Jahr lang haltbar, ohne an Qualität zu verlieren. Danach müssen Sie natürlich nichts wegschütten. Aber es kann sein, dass Farbe und Geschmack nachlassen.

- Aufgrund der langen Haltbarkeit ist es sinnvoll, alles Eingemachte zu **etikettieren.** Schreiben Sie darauf, was drin ist und wann Sie es eingemacht haben.
- **Kontrollieren** Sie Ihr Eingemachtes **regelmäßig,** d. h. alle paar Wochen. Prüfen Sie, ob beim Kompott und Mus alle Deckel fest sitzen, ob irgendwo etwas unterm Deckelrand hervorquillt (dann gärt es innen) oder ob sich ein Marmeladendeckel wölbt. Stellen Sie fest, ob der Inhalt in Ordnung ist. Wenn ja, verbrauchen Sie ihn alsbald. Andernfalls ... Schade!
- **Geöffnete Gläser und Flaschen** heben Sie bitte im Kühlschrank auf.
- Und noch etwas: Bitte **verzichten** Sie beim Einkochen auf die **Mikrowelle.** Sie mindert den Wert des Eingemachten erheblich.

Guten Appetit! Und ein persönliches Geschenk für Menschen, die Sie lieben, haben Sie nun immer griffbereit.

Noch ein Wort zum Thema **Tiefgefrieren.** Der rohe Apfel lässt sich nicht einfrieren. Sie können frischen Apfelsüßmost einfrieren – die wertvollen Inhaltsstoffe bleiben auf diese Weise am besten erhalten; aber aus Platzgründen kommt diese Methode nur für kleinere Mengen in Frage. Kompott und Apfelmus lassen sich auch tiefgefrieren. Wiederum wegen des Platzverbrauchs sind beide in Gläsern doch besser aufgehoben. Einfrieren ist eine gute Konservierungsart für Apfelkuchen. Wenn Sie backen, lohnt es sich, gleich zwei oder drei Kuchen herzustellen und einzufrieren, was Sie nicht sofort brauchen.

Das brauchen Sie zum Einmachen

- **großer Kochtopf** mit 10 l Fassungsvermögen
- **Wecktopf / Einmachtopf** mit Thermometer oder die Fettpfanne in Ihrem Backofen (zum Sterilisieren)
- **Dampfentsafter** (muss nicht sein)
  Dampfentsafter gibt es in zwei Ausführungen: Entweder hat er selbst eine Heizspirale im Unterbau, dann können Sie ihn unabhängig vom Herd benutzen, sogar auf der Terrasse oder dem Balkon. Nur Strom ist dafür nötig. Oder er wird auf die Herdplatte gestellt und so beheizt.
- **Gläser und Flaschen** in unterschiedlichen Größen
  Für Kompott nehmen Sie am besten Gläser von mindestens 750 ml Volumen, es sei denn, Sie legen die Vorräte nur für sich selbst an. Für Gelee empfehlen sich Gläser zwischen 200 ml und maximal 450 ml Volumen. In größeren Gläsern fängt es nach dem Öffnen selbst im Kühlschrank leicht zu schimmeln an. Für Saft eignen sich Flaschen von 500 ml – 1 l Volumen.
- Es gibt unterschiedliche **Verschlusssysteme** für Einmachgläser. Die klassischen Weckgläser arbeiten mit Gummiringen und aufgelegten Deckeln, die zunächst von Klammern gehalten werden. Die sind nach dem Sterilisieren dann überflüssig, weil sich im Glas ein Vakuum gebildet hat, das den Deckel festhält.

  In alten Kochbüchern steht noch, dass man kreisrunde Zellophanblättchen auf die Oberfläche der Marmelade legt, die mit hochprozentigem Schnaps benetzt wurden, und größere Zellophanblätter mit Gummis über die Glasöffnung spannt. Für heiß eingefüllten Saft gibt's noch die guten alten Gummikappen zu kaufen.

  Am einfachsten und zuverlässigsten funktionieren aber Gläser und Flaschen mit **Twist-off-Deckeln.** Sie können Gläser verwenden, die Sie sowieso im Haus haben, von gekauften Kompotts, Säften und Marmeladen. Aber achten Sie darauf, dass die Deckel unbeschädigt und sauber sind. Durchs Öffnen werden sie oft verbeult, oder sie fangen innen an zu rosten. In dem Fall ersetzen Sie sie bitte durch neue. Die gibt's im Fachhandel zu kaufen – wenn die Größe einer der Normgrößen entspricht. Wenn nicht, werfen Sie das Glas lieber weg. Wenn Sie regelmäßig einkochen, lohnt es sich auch, Gläser und Flaschen zu kaufen, für die Sie dann zuverlässig Deckel nachkaufen können.

- Für Kompotts können Sie auch **Gläser mit Bügelverschluss und Gummiring** nehmen. Die Gummiringe haben aber nicht das ewige Leben und sollten jedes Mal neu sein. Denn wenn sie mürbe sind, reißen Sie, wenn Sie das Glas öffnen wollen, die Lasche ab, und dann ...? Die gebrauchten, aber noch brauchbaren Gummiringe sind noch gut für die Gläser, in denen Sie Ihre Trockenvorräte mottensicher unterbringen.
- Zum Einfüllen von Saft einen **Trichter**
  Zum Einfüllen von Gelee ist es empfehlenswert, einen speziellen Marmeladentrichter zu verwenden. Er hat eine weite Öffnung. Beim Einfüllen geht dann nicht so leicht etwas daneben.
- **Gummi- oder Haushaltshandschuhe**
  Die Flaschen und Gläser sind heiß.
- Eine **Kelle mit Ausguss**
  Koch- und andere Löffel haben Sie sowieso.
- **Etiketten,** entweder selbstklebende (da gibt es im Fachhandel sehr hübsch gestaltete speziell für diesen Zweck) oder mit gummierter Rückseite (die bekommen Sie leichter ab, wenn Sie das Glas oder die Flasche später spülen). Oder Sie gestalten sich Ihre eigenen Etiketten mit der Hand oder mit dem Computer und kleben sie mit Tapetenkleister auf.

Gelee kochen

Gelee soll gelieren, darum heißt es so. Pektin, der entscheidende Anteil in allen Geliermitteln, wird meist aus Äpfeln gewonnen – es ist in der Schale und im Fruchtfleisch enthalten. Es ist ein langkettiges Kohlenhydrat, ein Faserstoff, und erfüllt als Zellwandsubstanz Stütz- und Festigungsfunktionen. Es wirkt wie ein Schwamm und saugt Wasser auf. Darum taugt es eben zum Gelieren.

Nun sollte man meinen, dass bei der Bereitung von Apfelgelee kein zusätzliches Geliermittel nötig sei. In Rezepten ist auch oft keins angegeben. Nach unserer Erfahrung klappt das aber nicht zuverlässig, vor allem, weil wir die Speisen mit Rücksicht auf Vitamine und andere Vitalstoffe nicht zu lange kochen wollen. Ausnahmen bestätigen die Regel. Das Rheinische Apfelkraut (siehe Seite 64) entsteht nämlich durch Reduzieren, nicht nur durch Gelieren.

Darum empfehlen wir Ihnen, mit Äpfeln ebenso umzugehen wie mit anderen Früchten und die Mengenangaben der Hersteller der verschiedenen Geliermittel zu berücksichtigen.

Bei der Wahl des Geliermittels bedenken Sie bitte, dass Sie außer dem Pektin nichts brauchen; zusätzliche Konservierungsstoffe sind unnötig, wenn Sie sorgfältig arbeiten. Wichtig ist auch, dass das Mittel nicht zu viel Zucker verlangt, sondern Ihnen Spielraum für das Maß Ihres Süßungsbedürfnisses lässt. Verstehen Sie also bitte unsere Mengenangaben für Zucker nicht als Dogma. Sie können mehr nehmen, wenn Sie wollen. Weniger ist problematisch, weil dann doch unter Umständen die Haltbarkeit leidet.

Eine gute Alternative zu Pektin, besonders für Gelees oder Fruchtgrütze, ist auch Agar-Agar, das Sie als Pulver oder Flocken im Naturkosthandel oder Reformhaus erhalten. Es ist ein rein pflanzliches Bindemittel (aus Algen), das viel stärker wirkt als Gelatine, also niedrig dosiert werden muss. Und es dickt auch Speisen ohne Säure an, während Pektin und Gelatine (die tierischen Ursprungs ist) immer einen Säurezusatz benötigen, wenn die Früchte nicht von Natur aus viel Säure enthalten.

Wichtig ist die Gelierprobe: Wenn das Gelee die gewünschte Zeit gekocht hat, nehmen Sie einen kleinen Teller, den Sie vorher kurz in den Kühlschrank gestellt oder mit ganz kaltem Wasser abgespült haben, und füllen mit dem Kochlöffel etwas von der heißen Flüssigkeit darauf. Wenn sich auf dem Klecks eine Haut bildet, ist das Gelee fertig. Wenn nicht, geben Sie noch einmal 10 % der bereits verwendeten Zuckermenge zu und kochen das Gelee wiederum eine Minute sprudelnd. Danach müsste es klappen.

Portionsgrößen

Soweit nicht anders angegeben, sind die Rezepte für vier Personen berechnet.

Zu den Backtemperaturen

Die angegebenen Temperaturen und Backzeiten sind Richtwerte für Elektroherde und beziehen sich auf die Verwendung von Umluft. Sie können je nach verwendetem Backofen abweichen.

Darauf sollten Sie noch achten

Da wir generell Bioprodukte verwenden, fehlt in den Rezepten meist die sonst übliche Anweisung, dass Äpfel geschält werden sollen. Denn vor allem die Schale und der direkt darunterliegende Bereich des Fruchtfleisches enthalten viele wertvolle Inhaltsstoffe und verleihen dem Gericht den besonderen und erwünschten Apfelcharakter.

Wenn in einem Rezept als Zutat nur Mehl angegeben ist, so können Sie von Weißmehl bis Vollkornmehl alles verwenden, was Ihrem Geschmack entspricht. Dabei sollten Sie jedoch berücksichtigen, dass Mehl umso weniger Flüssigkeit aufnimmt, je weniger ausgemahlen es ist (d. h. je niedriger die Typenzahl ist). Vollkornmehl in einem Pfannkuchenteig nimmt beispielsweise mehr Wasser auf als Weizenmehl Type 405. Daher empfiehlt es sich auch, Teige aus Vollkornmehlen etwas quellen zu lassen.

Wird in einem Rezept Zucker angegeben, so können Sie die Zuckerart Ihres Geschmacks verwenden oder ihn selbstverständlich durch andere Süßungsmittel ersetzen (siehe auch »Richtig süß: Zucker oder nicht?«, Seite 148).

Am Ende vieler Rezepte finden Sie ein *Übrigens.* Darin fassen wir zusammen, was an dem Gericht bemerkenswert ist, zu welchem Anlass wir es empfehlen oder ob sich Variationen anbieten. Wenn Sie den Speiseplan für den nächsten Tag überlegen, können Sie bei den Rezepten auch zuerst diese Tipps lesen. Dann fällt die Entscheidung leichter, wenn z. B. ein Mittagessen auf den Tisch kommen soll, das vor allem den Kindern schmecken soll.

Sie werden bemerken, dass eine ganze Gruppe traditioneller Apfelrezepte fehlt, in denen Äpfel mit Fleisch kombiniert werden: Gänsebraten mit Füllung, Apfelringe mit Leber, Himmel und Erde und Fischspeisen von der Küste. In diesem Buch gibt es dagegen eine Fülle vegetarischer Rezepte, die auch »eingefleischte« Feinschmecker überzeugen werden.

Viele Rezepte sind auch für die **vegane Ernährung** geeignet. Sind Milch, Eier, Butter und Sahne enthalten, können diese Zutaten meist problemlos durch entsprechende vegane Produkte ersetzt werden. Nur bei den Rezepten, die mit Käse zubereitet werden, oder bei speziellen Rezepturen wie der Weinschaumsauce funktioniert das nicht ohne Weiteres. Hier ist einige Erfahrung beim veganen Kochen und Backen nötig.

Abkürzungen
EL = Esslöffel
TL = Teelöffel
MSP = Messerspitze

Eingemachtes – süß und sauer

Apfelsaft

Haben Sie kleine Mengen Äpfel (auch Falläpfel) zu verarbeiten, so können Sie sie am besten im Dampfentsafter entsaften. Stiele, faule und andere schlechte Stellen entfernen Sie und schneiden die Äpfel möglichst klein – freilich ohne sich allzu viel Mühe zu machen. Wenn die Äpfel nicht unreif oder allzu sauer sind, brauchen Sie keinen Zucker. Sonst nehmen Sie 100 g auf eine Füllung. Den Saft füllen Sie kochend heiß randvoll in saubere Flaschen mit Schraubverschluss. Füllen Sie langsam ein, wenn die Flaschen kalt sind, damit sie nicht springen. Sofort verschließen. Der Saft hält sich mindestens ein Jahr. Kontrollieren Sie ihn aber ab und zu, für den Fall, dass irgendein Deckel nicht richtig schließt und sich Schimmel bildet.

Haben Sie keinen Dampfentsafter? Kein Problem. Kochen Sie die Apfelstücke knapp mit Wasser bedeckt in einem großen Topf weich. Drehen Sie einen Hocker um, stellen Sie ein großes Gefäß zum Auffangen des Safts zwischen die Hockerbeine und binden Sie ein großes Mulltuch an die Beine. Dahinein füllen Sie den Fruchtbrei und lassen den Saft über Nacht ablaufen. Je mehr Sie den Brei schließlich auspressen, desto trüber wird der Saft. Sie müssen ihn anschließend noch einmal aufkochen, ehe Sie ihn abfüllen können.

Wenn Sie große Mengen an Äpfeln haben, die Sie in der Mosterei oder Kelterei auspressen lassen, so können Sie den Saft auch in Flaschen füllen und dann im Einmachtopf oder – wenn die Flaschen nicht zu hoch sind – im Backofen sterilisieren. In dem Fall füllen Sie die Flaschen nicht ganz voll, damit beim Erhitzen nichts überläuft.

Mehr dazu im Kapitel »Apfelsaft und Apfelwein« auf Seite 40.

Rheinisches Apfelkraut

5 kg Äpfel (geht gut mit Falläpfeln)

Schneiden Sie die Äpfel in Stücke und entfernen Sie dabei faule Stellen und Druckstellen. Kochen Sie die Äpfel in möglichst wenig Wasser, bis die Stücke zu Mus zerfallen. Das Mus füllen Sie in ein Mulltuch, das Sie über ein Sieb gelegt haben, und lassen den Saft ablaufen. (Drücken Sie das Mus nicht aus, damit der Saft klar bleibt. Die Reste können Sie noch durch die »Flotte Lotte« treiben und als Apfelmus weiterverwerten.) Den Saft lassen Sie unter häufigem Rühren so lange kochen, bis er goldgelb und zähflüssig wird. Das kann Stunden dauern. Traditionell wurde das Apfelkraut nebenbei auf dem Herd mitgeköchelt, in dem ohnehin das Feuer brannte.
Füllen Sie das Apfelkraut in saubere Twist-off-Gläser.

Übrigens: *Das Apfelkraut können Sie als Süßungsmittel benutzen (siehe Seite 148) oder, wenn es dick genug ist, als Brotaufstrich. Aus 5 kg Äpfeln werden etwa 500 – 600 g Apfelkraut.*
Ähnliche Verfahren zur Herstellung von Apfelhonig als Süßungsmittel sind aus der französischen Schweiz als vin cuit, aus Bosnien als Apfelbekmes und aus Holland als Appelstroop bekannt.

Apfelgelee mit Ingwer und Limette

2 kg Äpfel
Roh-Rohrzucker nach Bedarf
3 Knollen kandierter Ingwer
2 unbehandelte Limetten oder Zitronen
125 ml Apfelwein oder trockener Weißwein
Geliermittel und Zucker nach Bedarf

Schneiden Sie die Äpfel klein, entfernen Sie Stiele und Blütenansätze und faule Stellen oder Druckstellen. Entsaften Sie sie mit 100 g Zucker im Dampfentsafter und lassen Sie den Saft abkühlen.
Würfeln Sie die Ingwerknollen ganz fein. Schälen Sie die Limetten oder Zitronen dünn ab, schneiden Sie die Schalen in feine Streifen und pressen Sie den Saft aus.
Gießen Sie dann den Limetten- oder Zitronensaft sowie den Apfel- oder Weißwein zum Apfelsaft. Messen Sie dann die entstandene Flüssigkeitsmenge ab, um die Menge des benötigten Geliermittels und Zuckers zu bestimmen.
Fügen Sie den Ingwer hinzu, Geliermittel und Zucker nach Belieben. Dann erhitzen Sie die Mischung und lassen sie 1 – 3 Minuten sprudelnd kochen. Nehmen Sie den Topf vom Herd, rühren Sie die Limetten- oder Zitronenschale unter und machen Sie eine Gelierprobe. Wenn das Gelee fest wird, füllen Sie es kochend heiß in saubere Twist-off-Gläser.

Apfelgelee mit Rosmarin

1,5 l naturreiner, ungesüßter Apfelsaft
(am besten frisch gepresster, muss aber nicht sein)
1 kg Vollrohrzucker
Geliermittel
etwas dünn abgeriebene Schale einer unbehandelten Zitrone
1 Prise Vanillepulver
einige frische Rosmarinzweige

Das Verfahren hängt davon ab, welches Geliermittel Sie verwenden. Richten Sie sich nach der Vorschrift und Dosierungsanleitung auf der Packung. Nehmen Sie aber nicht mehr Zucker: Das Gelee wird sonst zu süß! Die Rosmarinzweige nicht mitkochen! Spülen Sie sie nur unter heißem Wasser ab und stecken je einen Zweig in die Marmeladengläser. Füllen Sie das kochend heiße Gelee darüber und verschließen Sie die Gläser sofort!

Übrigens: *Das Gelee muss einige Wochen durchziehen, damit sich das Rosmarin-Aroma entfalten kann.*

Berberitzen-Apfel-Gelee

Äpfel und Berberitzen zu gleichen Teilen
Roh-Rohrzucker
Geliermittel

Schneiden Sie die Äpfel klein und füllen Sie sie mit den Berberitzen zusammen in einen Kochtopf. Gießen Sie Wasser dazu, sodass die Früchte eben bedeckt sind, und kochen Sie sie weich. Dann breiten Sie ein Mulltuch über ein Sieb und füllen die weichen Früchte mit der Flüssigkeit hinein. Lassen Sie den Saft ablaufen. Wenn Sie die Früchte nicht ausdrücken, bleibt der Saft klar. Wenn Ihnen das nicht so wichtig ist, drücken Sie sie etwas aus, damit nichts verschwendet wird. Messen Sie den Saft ab, mischen ihn mit Zucker und Geliermittel und kochen die Mischung nach Vorschrift. Machen Sie die Gelierprobe! Wenn das Gelee fertig ist, füllen Sie es kochend heiß in saubere Twist-off-Gläser. Verschließen Sie die Gläser sofort.

***Übrigens:** Haben Sie einen Berberitzenstrauch im Garten? Oder wissen Sie einen in der Nähe, von dem Sie ernten dürfen? Dann müssen Sie dieses Rezept unbedingt probieren!*

Apfelgelee mit Minze

2 – 3 kg Äpfel oder 1,5 l naturreiner, ungesüßter Apfelsaft
800 g Roh-Rohrzucker
Geliermittel
Minzezweige
(am besten Nana- oder Apfelminze, aber jede andere tut's auch)
2 unbehandelte Zitronen
Duftpelargonienblätter mit Zitronenaroma

Entsaften Sie die Äpfel im Dampfentsafter oder beginnen Sie gleich mit 1,5 l Apfelsaft. Füllen Sie den Saft mit dem Zucker, dem Geliermittel und einigen Minzezweigen in Ihren Marmeladentopf.
Waschen Sie die Zitronen mit heißem Wasser, ebenso die Duftpelargonienblätter und die übrigen Minzezweige. Schälen Sie die Zitronen fein ab und pressen Sie sie aus. Den Saft gießen Sie zu dem Zucker-Apfelsaft-Gemisch.

Zupfen Sie die Blätter von den Minzezweigen ab und schneiden Sie sie in feine Streifen, ebenso die Zitronenschale. Bereiten Sie Twist-off-Gläser vor und geben Sie in jedes Glas 1 – 2 Duftpelargonienblätter und etwas von der geschnittenen Minze und der Zitronenschale.
Erhitzen Sie das Apfelsaftgemisch und lassen Sie es sprudelnd kochen, so lange, wie das Geliermittel es erfordert. Vergessen Sie die Gelierprobe nicht! Wenn das Gelee fertig ist, füllen Sie es noch kochend heiß in die Gläser und verschließen sie sofort.
Drehen Sie die Gläser während des Abkühlens ab und zu um, damit sich die würzenden Zutaten gut verteilen.

Übrigens: *Duftpelargonien wurden aus den wilden Urformen unserer Ziergeranien auf einen möglichst hohen Gehalt an ätherischen Ölen gezüchtet. Es gibt ganz verschiedene Duftnoten, beispielsweise Rosen-, Zitronen- oder Minzeduft. Duftpelargonien werden von vielen Gärtnereien angeboten. Wenn Sie die Blätter in der Küche verwenden möchten, sollten Sie sicher sein, dass die Pflanze nicht gespritzt wurde.*
Selbstverständlich können Sie das Apfelgelee auch ohne Duftpelargonienblätter zubereiten.

Apfelgelee mit Lindenblüten

200 g Lindenblüten
¾ l Apfelsaft
Roh-Rohrzucker nach Geschmack
Geliermittel nach Bedarf

Übergießen Sie die Lindenblüten mit heißem Apfelsaft und lassen Sie sie zugedeckt einen Tag durchziehen. Dann seihen Sie ihn ab, mischen ihn mit Zucker und Geliermittel und kochen das Ganze 3 – 4 Minuten (siehe Angabe des Herstellers des Geliermittels). Dann machen Sie die Gelierprobe. Wenn das Gelee fertig ist, füllen Sie es kochend heiß in saubere Twist-off-Gläser.

Apfelweingelee mit Salbei

1 kg Falläpfel (geputzt gewogen)
Saft einer Zitrone
¾ l Wasser
¾ l Apfelwein
6 Zweige Salbei (frische Triebe, nicht verholzte Stiele)
etwa 800 g Vollrohrzucker pro Liter gewonnenem Saft
Geliermittel nach Bedarf
5 EL gehackte Salbeiblätter

Füllen Sie Äpfel, Zitronensaft, Wasser und Apfelwein in einen Topf, fügen Sie die Salbeizweige hinzu und lassen Sie alles kochen, bis die Äpfel ganz weich sind. Dann seihen Sie das Gemisch durch ein Tuch, bis aller Saft abgelaufen ist. Nicht pressen! Es dauert einige Zeit.
Den gewonnenen Saft messen Sie ab und gießen ihn in den Topf zurück. Je nach Saftmenge fügen Sie Zucker und das Geliermittel nach Angabe des Herstellers hinzu. Lassen Sie alles sprudelnd kochen, bis die Gelierprobe gelingt. Dann nehmen Sie den Topf vom Herd und rühren die gehackten Salbeiblätter ein. Füllen Sie das Gelee in saubere Twist-off-Gläser und verschließen Sie diese sofort.

Übrigens: *Dieses Gelee ist durchaus herb. Ein ganz besonderer Geschmack. Probieren Sie es auf gebuttertem Toast! Lecker!*
Variante: Nehmen Sie Thymian statt Salbei.

Apfelkompott

200 g Rosinen
¾ l Apfelwein oder trockener Weißwein
1 unbehandelte Zitrone
2,5 l Wasser
3 kg Äpfel (geputzt gewogen)
1 Vanilleschote
1 Zimtstange
400 g Vollrohrzucker
80 ml Obstler

Waschen Sie die Rosinen, lassen Sie sie abtropfen und weichen Sie sie in dem Wein ein.
Schälen Sie die Zitrone dünn ab und schneiden Sie die Schale in Streifen. Pressen Sie den Saft aus und mischen Sie ihn in einer Schüssel mit 2 l Wasser.
Ob Sie die Äpfel schälen, bleibt Ihnen überlassen. Entfernen Sie das Kernhaus und schneiden die Äpfel auf die Größe, die Ihnen behagt. Legen Sie die Stücke sofort in das Zitronenwasser, damit sie nicht braun werden.
Schlitzen Sie die Vanillestange auf, kratzen Sie das Mark heraus. Brechen Sie die Zimtstange in Stücke. Setzen Sie die Gewürze zusammen mit dem Zucker in ½ l Wasser auf und köcheln Sie alles 5 Minuten. Danach nehmen Sie die Zimtstücke und die Vanilleschote heraus und fügen Wein, Rosinen und Obstler hinzu. Den Sud umrühren.

Schichten Sie die Apfelstücke mit der Zitronenschale in saubere Gläser, begießen Sie sie mit dem Weinsud. Dann verschließen Sie die Gläser und sterilisieren das Kompott bei 80 °C ungefähr 25 Minuten, bis in den Gläsern Perlen aufsteigen. Lassen Sie die Gläser abkühlen, wo sie sind, ob im Backofen oder im Topf, und entfernen Sie die Klammern unbedingt erst nach dem Abkühlen. Dann können Sie auch feststellen, ob alle Gläser gut verschlossen sind.

Übrigens: *Eine ganz pikante Variante entsteht, wenn Sie statt der Rosinen grüne Pfefferkörner verwenden.*
Und noch etwas: Bitte schütten Sie das Zitronenwasser, in dem Sie die Äpfel mariniert haben, nicht weg. Es lässt sich noch verwenden. Bereiten Sie einen Tee damit oder süßen Sie es leicht und trinken es als Limonade. Auch von Garten- und Hausarbeit verfärbte Hände lassen sich gut darin reinigen.

Apfelmus

Apfelmus können Sie natürlich auch für den Winter haltbar machen. Wie es hergestellt wird, finden Sie auf Seite 115. Wenn Sie eine größere Menge zubereitet haben, füllen Sie das Mus in Einmach- oder Twist-off-Gläser und sterilisieren Sie es wie Kompott im Backofen oder im Einmachtopf. Achtung: Unbedingt mindestens zwei Zentimeter Platz unterm Glasrand lassen, denn das Apfelmus steigt beim Einkochen hoch!

Wenn Sie es kochend heiß in Twist-off-Gläser füllen, hält das Apfelmus sich auch ohne Sterilisieren bis zu einigen Wochen. Sie müssen aber – wie immer beim Einmachen – sehr sauber arbeiten, das Apfelmus bis zum Rand einfüllen (wie bei Marmelade) und die Gläser im kühlen, dunklen Keller aufbewahren.

Apfelchutney

1 kg feste Äpfel
7 Tomaten
1 Zwiebel
4 EL Ingwer in Sirup oder kandiert und klein geschnitten
2 Gewürznelken
4 kleine getrocknete Chilis
200 g Rosinen
600 g Vollrohrzucker
½ l Apfelessig
2 EL Salz
1 EL Senf

Entkernen Sie die Äpfel und raspeln Sie sie grob. Schälen Sie die Zwiebel, würfeln Sie Tomaten und Zwiebel. Schneiden Sie den Ingwer und zerstoßen Sie Nelken und Chilis im Mörser fein.
Mischen Sie alle Zutaten und füllen Sie sie in einen großen Kochtopf. Lassen Sie die Mischung aufkochen und dann unter gelegentlichem Rühren 90 Minuten sanft köcheln, bis das Chutney zu gelieren beginnt. Heiß in Twist-off-Gläser füllen und sofort verschließen.

Übrigens: *Chutney ist eine indische Spezialität. Es hat die Konsistenz von Marmelade und wird zum Würzen von Reis, Fleisch, Fisch und allen Currygerichten verwendet. Apfelchutney schmeckt auch sehr gut zu Hartkäse wie Emmentaler oder Bergkäse.*

Apfel-Zucchini-Chutney

125 g getrocknete Apfelringe
2 EL Obstler
1 kg junge Zucchini
800 g Äpfel
25 g frische Ingwerwurzel (oder kandierter Ingwer)
8 Zweige frische Minze
1 Zimtstange
6 Gewürznelken
6 Lorbeerblätter
100 g Vollrohrzucker
150 ml Apfelessig
Salz

Schneiden Sie die Apfelringe in kleine Stückchen und lassen Sie sie mit dem Obstler durchziehen. Würfeln Sie die Zucchini und die Äpfel. Dann schälen Sie den Ingwer und schneiden ihn ebenfalls klein. Zupfen Sie die Blätter von den Minzezweigen. Füllen Sie alle Zutaten miteinander in einen Topf und lassen Sie die Mischung ungefähr 75 Minuten kochen, bis sie dickflüssig wird. Dann schmecken Sie das Chutney ab – eventuell braucht es noch etwas Salz oder Essig. Füllen Sie es kochend heiß in saubere Gläser, die Sie sofort verschließen.

Das Bircher-Müesli

Das Bircher-Müesli, das der Schweizer Arzt Dr. Bircher-Benner im Jahr 1904 entwickelte, als ihm klar wurde, dass die Leiden seiner Patienten vielfach auf Ernährungsmängel zurückgingen, ist heute eines der Schweizer Nationalgerichte. Und in einem Apfelbuch darf es keinesfalls fehlen, denn Äpfel sind wegen ihrer vielfältigen gesundheitsfördernden Wirkung ein wesentlicher Bestandteil darin. Wir bieten Ihnen das Original und eine Sonntagsversion.

Original Bircher-Müesli

(für eine Person)

1 EL Haferflocken (Großblatt)
3 EL Wasser
1 – 2 Äpfel
Saft einer halben Zitrone
1 EL gezuckerte Kondensmilch
1 EL geriebene Nüsse

Vermischen Sie die Haferflocken mit Wasser und lassen Sie sie über Nacht stehen. Raffeln Sie dann den Apfel grob und mischen Sie ihn und die anderen Zutaten unter die Haferflocken. Zuletzt streuen Sie die geriebenen Nüsse darüber.

Übrigens: *Am Originalrezept ist aus heutiger Sicht die gezuckerte Kondensmilch problematisch. Nehmen Sie stattdessen 1 EL Milch und so viel Honig oder ein anderes Süßungsmittel, dass er die Säure der Zitrone gerade angenehm mildert.*

Sonntags-Müsli

(für zwei Personen)

2 – 3 EL Haferflocken (Großblatt)
6 EL Milch
1 EL Honig
2 EL gehackte Walnüsse
Saft einer halben Zitrone
½ in Scheiben geschnittene Banane
Filets von einer Orange
2 grob geraffelte Äpfel
2 EL geschlagene Sahne
Früchte der Saison
Minzeblättchen

Weichen Sie die Haferflocken 2 Stunden in der Milch ein. Dann vermischen Sie sie mit Honig, Nüssen, Zitronensaft, Banane, Orange und Äpfeln. Vielleicht brauchen Sie noch ein wenig Milch, um die gewünschte Konsistenz zu erreichen. Dann heben Sie die Schlagsahne unter und dekorieren das Müsli mit Früchten und Minzeblättchen.

Übrigens: *Statt Minze können Sie auch Ananassalbei verwenden, wenn Sie eine Pflanze besitzen oder solche Blätter bekommen können.*

Salate

Löwenzahn-Apfel-Salat

100 g zarte Löwenzahnblätter
2 süßsäuerliche Äpfel
2 EL Zitronensaft
100 ml Schwedenmilch oder Buttermilch
Salz
Pfeffer
1 TL Honig

Sammeln Sie auf einem Spaziergang Ende April oder Anfang Mai junge Löwenzahnblätter, waschen Sie sie gründlich und schneiden Sie sie in Streifen.
Putzen Sie die Äpfel und schneiden Sie sie in Scheibchen. Die restlichen Zutaten verrühren Sie zu einer Salatsauce und gießen sie über Äpfel und Löwenzahn. Abschmecken, fertig ...

Pikanter Apfelsalat

Für das Dressing:
Variante 1:
Apfelessig
Sonnenblumenöl nach Geschmack
1 TL Blütenhonig
Salz
Pfeffer

Variante 2:
weißer Balsamicoessig
Olivenöl nach Geschmack
Salz
Pfeffer

Variante 3:
Saft einer Zitrone
1 EL Ahornsirup
Olivenöl nach Geschmack
Salz
Pfeffer

Für den Salat:
2 weiße Zwiebeln
3 Äpfel
1 Salatgurke
200 g milder Hartkäse
½ Bund Schnittlauch
1 Handvoll Kürbiskerne

Mischen Sie zuerst das Dressing nach Wahl, die Menge des verwendeten Essigs oder Zitronensaftes und des Öls passen Sie bitte an Ihre persönlichen Vorlieben an.
Halbieren Sie dann die geschälten Zwiebeln, schneiden Sie die Hälften in dünne Scheiben und lassen Sie sie im Dressing durchziehen.
Vierteln Sie die Äpfel, entfernen Sie das Kernhaus und schneiden Sie die Viertel in Scheibchen. Vierteln Sie die Gurke ebenfalls und schneiden Sie sie in Scheiben.
Schneiden Sie den Käse in Würfelchen und mischen Sie Äpfel, Gurke und Käse unter die Zwiebeln.
Mischen Sie den Salat mit Schnittlauchröllchen und bestreuen Sie ihn mit in einer trockenen Pfanne leicht angerösteten Kürbiskernen.

Übrigens: *Dieser milde, aber gehaltvolle Salat ist eine gute Vorspeise vor einem süßen Hauptgericht. Oder Sie servieren ihn als leichtes Abendessen und reichen Butterbrote dazu.*
Wenn Sie rote Zwiebeln und einen würzigen Hartkäse verwenden, wird das Ganze sehr viel kräftiger im Geschmack.

Apfel-Rohkost-Salat

Jeder Rohkostsalat wird durch die Zugabe von Äpfeln milder und im Geschmack runder, ganz gleich, ob Sie Karotten, Rote Bete (Rote Rüben), Sellerie oder Kürbis verwenden.

Für den **Karottensalat** raffeln Sie Karotten auf der Bircher-Reibe. Dann vierteln Sie Äpfel (Mengenverhältnis Karotten zu Äpfeln 3:1 oder 2:1), entfernen Sie das Kernhaus und raffeln Sie die Äpfel grob (sonst werden sie zu weich). Das Dressing bereiten Sie aus Zitronensaft, etwas Salz und Pfeffer, ein wenig Ahornsirup und Sonnenblumenöl oder Olivenöl. Mischen Sie den Salat gut durch und bestreuen Sie ihn mit gehackter Petersilie und/oder gerösteten Sonnenblumenkernen. Sie können statt Öl auch eine Mischung aus Öl und süßer Sahne oder nur Sahne verwenden.

Für **Rote-Bete-Apfel-Salat** mischen Sie geraffelte Rote Bete und Äpfel. Bereiten Sie das Dressing aus Apfelessig, Salz, Pfeffer, etwas Honig, etwas Senf und gemahlenem Kümmel und etwas Leinöl, Distelöl oder Kürbiskernöl. Eine ganz fein geschnittene Schalotte schmeckt auch gut darin. Obendrauf streuen Sie Kresse.

Apfel-Sellerie-Rohkost können Sie mit Pfeffer, Salz, etwas Meerrettich, etwas Ahornsirup, Zitronensaft und süßer Sahne anrichten. Darauf passen gehackte Walnüsse.

Für die **Kürbis-Apfel-Rohkost** verwenden Sie zum Säuern weißen Balsamicoessig mit ein wenig Zitronensaft, außerdem Salz, Pfeffer, Olivenöl, Zitronenmelisse, geröstete Kürbiskerne.

Übrigens: *Die Rezepturen sind unverbindlich. Die Schalotte passt beispielsweise auch zum Kürbis und die Walnüsse auch zu den Karotten.*

Salat »Rot - Weiß - Grün«

1 Bund Frühlingszwiebeln
3 – 4 Karotten
3 säuerliche Äpfel
1 EL Zitronensaft

Für die Marinade:
2 – 3 EL Apfelessig
1 TL Senf
Salz
Vollrohrzucker
Pfeffer
4 EL Öl (Walnuss-, Sonnenblumen- oder Rapsöl)
2 EL Schnittlauchröllchen

Die Frühlingszwiebeln schneiden Sie in Ringe, die Karotten in möglichst dünne Scheiben. Die Äpfel vierteln und entkernen Sie und schneiden Sie dann ebenfalls in Scheibchen, die Sie sofort mit Zitronensaft beträufeln. Rühren Sie die Marinade aus allen angegebenen Zutaten außer dem Schnittlauch an, gießen Sie sie über die Salatzutaten und mischen Sie alles gut. Dann streuen Sie die Schnittlauchröllchen darüber.

Waldorfsalat

2 EL Mayonnaise (siehe nebenstehendes Rezept)
100 g Naturjoghurt
Salz
Pfeffer
Zitronensaft
200 g säuerliche Äpfel
300 g Knollensellerie
2 EL geschlagene Sahne
grob gehackte Walnüsse

Zuerst verrühren Sie die Mayonnaise mit dem Joghurt und schmecken sie mit Salz, Pfeffer und so viel Zitronensaft, wie Sie mögen, ab. Dann putzen Sie die Äpfel (die Schale verwenden Sie mit) und den Sellerie und schneiden sie in feine Streifen. Mischen Sie beides mit der Mayonnaise-Joghurt-Sauce. Heben Sie die Sahne unter und streuen Sie die Nüsse darauf.

Übrigens: *Der Salat sollte nicht lange stehen, sondern frisch gegessen werden. Er bekam seinen Namen von dem berühmten Hotel »Waldorf-Astoria« in New York, dessen Chefkoch den Salat 1883 zur Eröffnung kreiert hat.*

Mayonnaise selbst gemacht

2 Eigelb
Salz
¼ l Öl
wenig Senf
Pfeffer
1 EL Essig oder Zitronensaft

Eigelb und Öl müssen **unbedingt** die gleiche (Zimmer-)Temperatur haben, sonst misslingt die Mayonnaise!
Geben Sie das Eigelb mit etwas Salz in den Mixer (es geht auch mit dem Pürierstab) und schlagen Sie es schaumig. Dann geben Sie **langsam** das Öl hinzu, erst tropfenweise, dann mit ganz dünnem Strahl, bis die Sauce die richtige Konsistenz hat. Dann hören Sie auf zu rühren, damit die Bestandteile sich nicht wieder trennen, und würzen die Mayonnaise mit Senf, Pfeffer und Essig oder Zitronensaft.
Es empfiehlt sich, ein Öl mit möglichst wenig Eigengeschmack zu verwenden, beispielsweise Distelöl.

Rettich-Apfel-Salat

1 großer weißer Rettich (etwa 300 g)
2 süßsäuerliche Äpfel
1 EL Zitronensaft
50 g Walnüsse

Für die Marinade:
125 ml süße Sahne
1 TL Senf
2 TL geriebener Meerrettich
2 EL Zitronensaft
Salz
Pfeffer
Petersilie zum Garnieren

Schälen Sie den Rettich und schneiden Sie ihn in dünne Scheiben. Vierteln und entkernen Sie die Äpfel und schneiden Sie sie in kleine Scheibchen. Beträufeln Sie sie mit Zitronensaft, damit sie nicht braun werden. Hacken Sie die Nüsse grob.
Dann verrühren Sie für die Marinade die Sahne mit Senf, Meerrettich und Zitronensaft, fügen Sie Salz und Pfeffer nach Geschmack hinzu und heben Sie die Salatzutaten unter. Lassen Sie den Salat etwas durchziehen, ehe Sie ihn mit Petersilie garnieren und servieren.

Eine polnische Variante:

Rettich mit Äpfeln

200 g Rettich
Salz
2 Äpfel
200 g Quark
125 g saure Sahne
1 EL gehackter Schnittlauch
1 Zwiebel

Zuerst schälen und raffeln Sie den Rettich, salzen ihn und lassen ihn dann zugedeckt in einer Schüssel stehen, bis sich Saft bildet. Den Saft gießen Sie ab. Fügen Sie die ebenfalls geraffelten Äpfel hinzu. Verrühren Sie den Quark mit der sauren Sahne, dem Schnittlauch und der geschälten und klein gehackten Zwiebel. Gießen Sie ihn über die Rettich-Apfel-Mischung.

Kartoffelsalat mit Apfel

1 kg Kartoffeln
1 großer säuerlicher Apfel
200 g Gewürzgurken
Apfelessig
1 TL Zucker
Salz
Pfeffer
1 EL Öl
1 Zwiebel

Kochen Sie die Kartoffeln in der Schale, pellen Sie sie und lassen Sie sie über Nacht stehen. Am anderen Tag würfeln Sie die Kartoffeln, den Apfel und die Gurken, vermischen alles, fügen Essig nach Geschmack und Zucker hinzu, salzen und pfeffern. Erhitzen Sie das Öl in einer Pfanne und bräunen Sie die geschälte und gehackte Zwiebel darin. Vor dem Servieren geben Sie sie über den Salat.

Übrigens: *Dies ist die vegetarische Variante eines schlesischen Rezeptes. Im Originalrezept wird die Zwiebel zuletzt in ausgelassenem Speck gebräunt. Außerdem kommen in Streifen geschnittene Heringsfilets in den Salat. Ohne beides schmeckt's aber auch sehr gut. Es darf übrigens auch ein Apfel mehr sein ... zumindest bei uns.*

Hier noch eine

Apfelvinaigrette

als Dressing für alle kräftigen Blattsalate. Sie können sie auf Vorrat zubereiten und in einem Schraubglas im Kühlschrank aufbewahren.

1 Apfel
1 Zwiebel
50 g frisch geriebener Meerrettich (oder aus dem Glas)
50 ml Apfelessig
1 TL Salz
1 Prise gemahlener Cayennepfeffer
80 ml Sonnenblumen-, Oliven- oder Leinöl

Schneiden Sie den Apfel auf, entfernen Sie das Kernhaus und zerkleinern Sie den Apfel grob. Schneiden Sie auch die geschälte Zwiebel in grobe Würfel. Dann rühren Sie Apfel, Zwiebel und Meerrettich mit einem Teil Essig und den Gewürzen im Mixer oder mit dem Pürierstab ganz fein. Schließlich geben Sie den Rest Essig und das Öl hinzu und schlagen die Sauce bei hoher Geschwindigkeit auf, bis sie ganz homogen ist.

Übrigens: *Diese Salatsauce ist sehr würzig im Geschmack. Kinder werden sie im Allgemeinen nicht mögen. Aber die Erwachsenen ...*

Herzhafte Gerichte

Scharfe Apfelsuppe

4 Äpfel
2 rote Paprikaschoten
1 kleine Salatgurke
1 Knoblauchzehe
Butter zum Dünsten
¾ l Gemüsebrühe
Salz
Pfeffer
Rosenpaprikapulver
1 TL Zucker
100 ml süße Sahne
1 Bund Schnittlauch

Putzen Sie die Äpfel und die Paprika und schälen Sie die Salatgurke, schneiden Sie alles in kleine Würfel und dünsten Sie es mit der geschälten und klein gehackten Knoblauchzehe in Butter an. Gießen Sie mit der Brühe auf und würzen Sie schließlich. Pürieren Sie die Suppe mit dem Pürierstab oder im Mixer, geben Sie die Sahne zu, lassen Sie nochmals kurz aufkochen. Vor dem Servieren bestreuen Sie die Suppe mit klein geschnittenem Schnittlauch.

Übrigens: *Die Suppe bekommt durch die rote Paprikaschote eine schöne Farbe. Für festliche Anlässe können Sie die Sahne schlagen und als Häubchen auf die Suppenportionen setzen. Der Geschmack ist fein säuerlich. Würzen Sie mit Rosenpaprika, ist sie scharf. Wenn Kinder mit am Tisch sitzen, sollten Sie edelsüßen Paprika nehmen: Dann ist die Suppe mild. Die Äpfel machen die Suppe nicht nur säuerlich, sondern auch sämig, sodass Sie kein Stärkemehl benötigen.*

Sächsischer Apfelweißkohl

etwa 1 kg junger, zarter Weißkohl
2 Zwiebeln
500 g säuerliche Äpfel
Öl zum Dünsten
1 EL Zucker
200 ml Apfelsaft
1 gehäufter TL Kümmel
2 EL Apfelessig
Salz
Pfeffer

Entfernen Sie vom Weißkohl die äußeren Blätter, wenn sie beschädigt sind, und den Strunk. Hobeln Sie ihn fein, schneiden Sie die geschälten Zwiebeln in Ringe und putzen und würfeln Sie die Äpfel. Lassen Sie das Öl in einem Topf heiß werden, streuen Sie den Zucker ein und lassen Sie ihn unter Rühren leicht karamellisieren. Dann reduzieren Sie die Hitze und lassen die Zwiebeln und Äpfel unter weiterem Rühren 3 Minuten darin schmoren. Dann geben Sie den Kohl dazu und dünsten ihn weitere 5 Minuten.
Schließlich geben Sie alle übrigen Zutaten und Gewürze zu und lassen das Gemüse in etwa 15 Minuten fertig garen.

Übrigens: *Zucker und Apfelsaft geben Süße, Essig und Äpfel Säure – eine gelungene Komposition. Im Originalrezept wird das Gemüse mit Schweineschmalz gedünstet. Wenn Sie Pflanzenöl, beispielsweise Kokosöl, verwenden, ist der Geschmack freilich ein wenig anders, aber nicht weniger lecker. Das Gemüse ergibt zusammen mit Kartoffelpüree und einem Salat vorweg oder dazu ein gutes Mittagessen.*

Rote Bete mit Äpfeln

3 große Rote Beten oder entsprechend mehr kleinere
1 Zwiebel
2 säuerliche Äpfel
etwas Butter
Salz
Pfeffer
100 g Crème fraîche
etwas frischer Dill

Die Roten Beten garen Sie im Ganzen im Dampfkochtopf. Das dauert je nach Größe 20 – 40 Minuten. Vorher waschen Sie sie nur, aber schneiden keinesfalls Blattansatz oder Wurzel ab, damit sie nicht ausbluten. Wenn die Roten Beten gar sind, ziehen Sie ihnen die Haut ab und schneiden sie in kleine Würfel.
Würfeln Sie die geschälte Zwiebel, putzen Sie die Äpfel und schneiden Sie sie in Stücke. Schwitzen Sie die Zwiebel mit wenig Butter an, geben Sie die Äpfel dazu und lassen Sie alles 3 Minuten schmoren. Dann kommen die Betewürfel dazu: Sie sollen kurz mitdünsten. Mit Salz und Pfeffer würzen, mit Crème fraîche verfeinern, mit klein geschnittenem Dill bestreuen: eine Delikatesse!

Übrigens: *Wenn kein Dill zu bekommen ist, versuchen Sie es mit getrockneten Herbes de Provence! Diese dünsten Sie dann gleich mit den Äpfeln mit. Guter getrockneter Dill geht auch, aber der, den Sie im Handel bekommen, schmeckt meist nicht mehr so aromatisch.*

Fenchelgemüse mit Äpfeln

4 Fenchelknollen
3 Äpfel
1 große Zwiebel
Olivenöl zum Dünsten (nicht sparen!)
Salz
Pfeffer
geriebener oder geraspelter Parmesan

Die Fenchelknollen putzen Sie und schneiden sie in feine Scheiben. Schneiden Sie die Äpfel in Achtel, entfernen jeweils das Kernhaus und schneiden die geschälte Zwiebel in Ringe.
In einem breiten, flachen Topf erhitzen Sie das Olivenöl und braten die Zwiebelringe und Fenchelscheiben an, bis sie bräunen. (Achtung: Das spritzt eventuell etwas!) Dann geben Sie die Äpfel, Salz und Pfeffer zu und lassen das Ganze etwa 10 Minuten garen. Den Parmesan erst bei Tisch darüberstreuen.

Übrigens: *Dieses Gemüse schmeckt sehr gut zu Reis, den Sie in Gemüsebrühe gegart haben. Der nussige Geschmack von ungeschältem Reis passt am besten zu Fenchel.*
Wenn Sie keinen Parmesan haben oder mögen, dann streuen Sie ein paar geröstete Sonnenblumenkerne oder gehackte Walnüsse über das Gemüse. Diese Variante ist auch nicht zu verachten!

Pikantes Apfelrisotto

2 rote Zwiebeln
2 Knoblauchzehen
Olivenöl zum Dünsten
300 g Risotto- oder Basmatireis
2 TL Currypulver
2 MSP Ingwerpulver
1 TL Rosmarin
¾ l Gemüsebrühe
einige Safranfäden in der Brühe eingeweicht
500 g säuerliche Äpfel
2 EL Zitronensaft
75 ml Weißwein
Salz
Pfeffer

Sie schneiden die geschälten Zwiebeln und Knoblauchzehen fein und dünsten sie in Olivenöl an, fügen den Reis hinzu, lassen ihn kurz mitdünsten. Dann mengen Sie die Gewürze unter und gießen – nach und nach – die Brühe mit den Safranfäden an. Je nach Reisart 15 – 45 Minuten garen lassen. Inzwischen die Äpfel vierteln, putzen und in Scheibchen schneiden und mit dem Zitronensaft begießen. 10 Minuten vor Ende der Garzeit mischen Sie die Äpfel unter den Reis und lassen dann das Gericht fertig garen. Vorm Anrichten den Wein und noch 1 EL Olivenöl untermischen und mit Salz und Pfeffer abschmecken.

Übrigens: *Zusammen mit einem Salat ist dies ein gutes Wintermittagessen. Das Gericht wärmt angenehm und hat eine ganz sanfte Schärfe, die aber für Kinder möglicherweise schon zu viel ist. Nehmen Sie in dem Fall nur 1 TL Currypulver und 1 Knoblauchzehe. Den Weißwein ersetzen Sie dann durch etwas mehr Gemüsebrühe.*

Avocado-Apfel-Brote

2 Avocados
2 Äpfel
Zitronensaft
4 Scheiben Vollkornbrot
Butter
1 EL Apfeldicksaft
Gartenkresse
2 EL Sesamsamen

Halbieren Sie die Avocados, entfernen Sie die Steine, ziehen Sie die Schale ab und schneiden Sie das Fruchtfleisch in dünne Scheiben. Die Äpfel vierteln und entkernen Sie und schneiden sie dann in dünne Spalten. Beträufeln Sie die Avocado- und Apfelscheiben mit Zitronensaft, damit sie nicht braun werden. Bestreichen Sie die Brotscheiben mit Butter, belegen Sie sie mit Apfelspalten und Avocadoscheiben und träufeln Sie etwas Apfeldicksaft darüber. Streuen Sie Kresse darauf. Dann rösten Sie die Sesamsamen in einer Pfanne ohne Fett hellbraun und verteilen sie zum Schluss über die belegten Brote.

Apfelgemüse

1 große Gemüsezwiebel
3 große Boskoopäpfel (oder andere mürb-säuerliche)
Öl zum Dünsten
Salz
Pfeffer
Thymian oder Majoran
Paprikapulver, edelsüß
100 ml süße Sahne

Schneiden Sie die geschälte Gemüsezwiebel in Würfel, entfernen Sie jeweils das Kernhaus aus den Äpfeln und würfeln Sie die Äpfel ebenfalls – mit Schale. Dünsten Sie die Zwiebelwürfel im Öl an. Wenn sie goldgelb geworden sind, fügen Sie die Äpfel hinzu und lassen bei mäßiger Hitze alles 3 – 5 Minuten ziehen. Die Äpfel dürfen nicht zerfallen. Würzen Sie mit Salz, Pfeffer, Thymian oder Majoran und süßem Paprikapulver und löschen Sie mit Sahne ab.

Übrigens: *Dieses Gemüse passt sehr gut zu ungeschältem Reis, aber auch zu Vollkornnudeln oder zu Getreidebratlingen.*

Überbackener Ziegenfrischkäse auf Apfel

70 g Pinienkerne
50 g weiche Butter
1 Eigelb
80 g Weißbrotbrösel
Salz
frisch gemahlener weißer Pfeffer
2 Ziegenfrischkäse, natur (je 125 g)
1 großer Apfel
20 g Butter
½ TL Honig
1 – 2 TL Apfelessig
frische Kräuter (Thymian, Petersilie oder Kerbel)

Rösten Sie die Pinienkerne in einer Pfanne ohne Fett an, bis sie zu duften beginnen (nicht zu dunkel werden lassen). Lassen Sie sie abkühlen und stellen Sie etwa 1 EL davon beiseite. Die restlichen Kerne grob hacken.

Dann rühren Sie die Butter mit dem Eigelb cremig und mischen die gehackten Pinienkerne darunter. Geben Sie so viel Weißbrotbrösel dazu, dass eine gut streichfähige Masse entsteht, und würzen Sie mit Salz und Pfeffer.

Halbieren Sie die Ziegenkäse, legen Sie die vier Scheiben auf einen feuerfesten Teller, bestreichen sie mit der Pinienkernmasse und lassen sie im Backofen bei 250 °C **Oberhitze** wenige Minuten goldbraun gratinieren.

Stechen Sie aus dem Apfel das Kernhaus heraus und schneiden Sie ihn quer in vier Scheiben. Lassen Sie etwas Butter in einer Pfanne schmelzen, geben Sie den Honig dazu und lassen Sie die Mischung kurz aufschäumen. Anschließend legen Sie die Apfelscheiben hinein, löschen mit Essig ab und lassen die Äpfel dünsten, bis sie glasig und weich sind.

Legen Sie dann die Apfelscheiben auf vier vorgewärmte Teller, richten Sie darauf die überbackenen Ziegenkäsehälften an und bestreuen Sie den Käse mit den restlichen gerösteten Pinienkernen. Frische Kräuter, beispielsweise kleine Thymianzweige oder Kerbelblättchen, eignen sich wunderbar zur Dekoration.

Übrigens: *Dies ist ein leckeres Abendessen, auch für Ihre Gäste! Reichen Sie Vollkorntoast dazu.*

Desserts und süße Hauptgerichte

Apfelmolke

4 saure Äpfel
1 l Wasser
1 l Milch
Saft einer Zitrone

Reiben Sie die Äpfel mit Schalen und Kerngehäusen fein und kochen Sie sie kurz mit Wasser und Milch auf. Dann seihen Sie die Flüssigkeit ab und fügen den Zitronensaft hinzu. Servieren Sie dieses gesunde und erfrischende Getränk kalt.

Apfeljoghurt

3 – 4 Äpfel
500 g Naturjoghurt
Ahornsirup oder Honig nach Belieben
Nüsse zum Bestreuen

Raffeln Sie Ihre Lieblingsäpfel grob, vermischen Sie sie mit Naturjoghurt, süßen Sie mit etwas Ahornsirup oder Honig und streuen Sie gehackte Walnüsse, geröstete Sonnenblumenkerne oder geröstete Kürbiskerne darüber. Fertig! Das schmeckt so fein, wie es einfach zuzubereiten ist.

Apfeleis

200 g Äpfel (geputzt gewogen)
wenig Zitronensaft
20 – 40 g Honig
50 – 100 ml süße Sahne

Pürieren Sie die Äpfel mit Zitronensaft im Mixer, fügen Sie den Honig hinzu und frieren Sie das Püree ein. Die gefrorene Masse zerkleinern Sie wiederum im Mixer, vermischen sie mit der geschlagenen Sahne und servieren sofort. Dazu passt z. B. eine rohe Erdbeer- oder Himbeersauce.

Apfelgratin mit Walnüssen

4 Äpfel
Butter für die Form
6 EL Orangen- oder Apfelsaft
4 EL Zitronensaft
50 g Honig
50 g gehackte Walnüsse
100 g frisch gemahlenes Weizenschrot
50 g Roh-Rohrzucker
75 g Butter

Vierteln Sie die Äpfel und entfernen Sie das Kernhaus. Anschließend schneiden Sie die Äpfel in dünne Spalten und legen sie fächerartig in eine gebutterte Auflaufform. Verrühren Sie Orangen- oder Apfelsaft mit Zitronensaft und Honig und gießen Sie die Mischung über die Äpfel. Walnüsse darüberstreuen.
Kneten Sie Schrot, Zucker und Butter zu Streuseln und verteilen Sie diese über den Äpfeln. Das Gratin im vorgeheizten Ofen bei 225 °C 25 Minuten backen, bis die Streusel knusprig und die Äpfel weich sind.

Apfelschaum auf polnische Art

7 Äpfel
4 Eier
2 EL Vollrohrzucker
5 EL saure Sahne
4 EL Weizenmehl
Zimtpulver
2 EL Butter für die Form

Raffeln Sie 5 Äpfel grob und reiben Sie 2 Äpfel fein. Trennen Sie die Eier und schlagen Sie das Eiweiß zu Schnee.

Verrühren Sie die fein geriebenen Äpfel mit Eigelb, Zucker, saurer Sahne und Mehl. Heben Sie den Eischnee unter die grob geraffelten Äpfel, fügen Sie Zimt hinzu. Dann vermischen Sie beide Apfelmassen miteinander, füllen das Ganze in eine gebutterte, feuerfeste Form und backen den Apfelschaum im vorgeheizten Ofen bei 200 °C ungefähr 30 Minuten.

Thurgauer Süßmostcreme

100 g Zucker
½ l Apfelsaft
2 Äpfel
3 EL Speisestärke
200 ml süße Sahne

Rösten Sie den Zucker in einer Pfanne bei großer Hitze. Sobald er bräunt, reduzieren Sie die Hitze und schütteln die Pfanne leicht – nicht rühren! Wenn der Zucker zu schäumen beginnt und kastanienbraun ist, löschen Sie ihn mit 400 ml Apfelsaft ab und decken ihn zu.
Schälen Sie die Äpfel und schneiden Sie sie in gleichmäßige Schnitze. Legen Sie die Schnitze in den Apfel-Karamell-Saft und lassen Sie sie auf kleinster Flamme weich kochen. Die Äpfel sollen nicht zerfallen. Dann heben Sie sie mit dem Schaumlöffel heraus und verteilen die Schnitze auf Portionsschälchen.
Verrühren Sie die restlichen 100 ml Saft mit der Speisestärke und binden den leicht köchelnden Karamellsaft damit. Nehmen Sie die Pfanne vom Herd und lassen Sie die Creme auskühlen. Schlagen Sie die Sahne steif und ziehen Sie sie unter die abgekühlte Creme. Richten Sie die Creme auf den Äpfeln an.

Apfelpfannkuchen

3 – 4 Eier (je nach Größe)
½ TL Salz
½ l Milch
250 g Dinkelvollkornmehl (am besten frisch gemahlen)
3 Äpfel
Öl zum Braten

Trennen Sie die Eier, vermischen Sie Eigelb, Salz und Milch sorgfältig miteinander und rühren Sie dann das Mehl darunter. Schlagen Sie das Eiweiß zu Schnee und heben Sie es unter den Teig.
Raspeln Sie die Äpfel mit Schale grob und ziehen Sie die Apfelraspel unter den Teig. In wenig Öl in der Pfanne goldbraun backen.

Übrigens: *Die Pfannkuchen sind sehr leicht und fruchtig im Geschmack und doch kernig und knusprig im Biss. Etwas fülliger als die klassischen Pfannkuchen, die ohne Eischnee gemacht werden. Für die »Süßen« am Tisch gibt es Zimt und Zucker nach Geschmack obendrauf. Als Dekor für besondere Anlässe eignet sich Preiselbeermarmelade. Je nach Geschmack können Sie das Vollkornmehl auch mit niedriger ausgemahlenem Mehl (Type 1050 oder 550) mischen. Oder verwenden Sie statt Dinkel Kamut!*

Apfel-Holunderbeer-Kaltschale mit Grießnocken

Für die Kaltschale:
4 große Äpfel
250 g Holunderbeeren (ohne die groben Stiele gewogen)
50 g Zucker
Saft einer halben Zitrone
etwas Vanillepulver
evtl. etwas Speisestärke

Für die Grießnocken:
50 g Haselnüsse
1 Ei
125 ml Milch
20 g Butter
1 TL Zucker
50 g Weizengrieß
Salz
etwas Puderzucker
einige Minzeblättchen

Schneiden Sie die Äpfel klein. Befreien Sie die Holunderbeeren von den groben Stielen. Geben Sie Äpfel und Holunderbeeren in einen Topf und füllen Sie so viel Wasser dazu, dass das Obst gerade bedeckt ist. Würzen Sie mit Zucker und Zitronensaft und kochen Sie das Obst, bis es weich ist. Streichen Sie die Suppe durch ein Sieb oder treiben Sie sie durch die »Flotte Lotte« und lassen Sie sie abkühlen. Wenn die Suppe jetzt zu dünn ist, etwas Speisestärke einrühren und nochmals aufkochen lassen. Die fertige Suppe kalt stellen.

Für die Grießnocken reiben Sie die Nüsse. Das Ei trennen und das Eiweiß steif schlagen. Lassen Sie die Milch mit Butter, Zucker und einer Prise Salz aufkochen. Rühren Sie den Grieß und die geriebenen Nüsse hinein und lassen Sie den Grießbrei aufkochen, dabei immer weiterrühren, bis ein dicker Kloß entstanden ist.
Nehmen Sie den Topf vom Herd und rühren Sie das Eigelb in den Kloß. Anschließend ziehen Sie den Eischnee unter. Lassen Sie in einem größeren Topf Wasser mit wenig Salz aufkochen, stechen Sie mit einem Teelöffel kleine Nocken vom Kloß ab und lassen Sie sie im leise siedenden Wasser gar ziehen. Die Nocken abtropfen lassen.
Verteilen Sie die Kaltschale auf Suppenteller und geben Sie die heißen Nocken darauf. Mit Puderzucker und gehackten Minzeblättchen bestreuen.

Übrigens: *Farbe und Geschmack der Kaltschale werden von den Holunderbeeren geprägt, die Äpfel verleihen ihr die Konsistenz und eine gewisse Sanftheit, sodass auch Kinder sie gern essen, denen Holunderbeeren sonst oft zu herb sind. Der Kontrast von kalt und heiß ist besonders reizvoll.*
Wer Haselnüsse nicht verträgt, kann stattdessen Mandeln verwenden. Rösten Sie die geriebenen Mandeln leicht in einer Pfanne ohne Fett an, dann schmecken sie intensiver.

Backäpfel

8 gleich große mürbe Äpfel
1 nussgroßes Stückchen Butter
1 Tasse Rosinen
1 Tasse Haselnüsse (ganz oder gehackt)
1 EL Honig
2 – 3 EL Wasser

Stechen Sie jeweils das Kernhaus aus den Äpfeln (dabei ruhig großzügig vorgehen) und stellen Sie die Äpfel dann in eine feuerfeste Form, die Sie vorher leicht ausgebuttert haben. Füllen Sie die Äpfel mit Rosinen und Nüssen und obenauf ein wenig Honig. Geben Sie 2 – 3 EL Wasser in die Form, damit die Äpfel nicht anhängen, und backen Sie sie im vorgeheizten Backofen bei 180 °C etwa 20 – 40 Minuten, je nach Größe und Beschaffenheit der Äpfel und abhängig davon, wie mürb Sie sie haben wollen.
Dazu reichen Sie Schlagsahne oder Vanillesauce (siehe Rezept auf der gegenüberliegenden Seite).
Sie können auch über jeden Apfel 1 EL Rum gießen, den Sie zuvor auf dem Löffel anzünden *(Pommes flambées)*.

Übrigens: *Die Menge der verwendeten Äpfel hängt von deren Größe ab. Wenn Sie die Backäpfel als Dessert servieren, reichen vier Äpfel aus. Es gibt unzählige Bratapfelvarianten: mit Marmelade, mit anderen Nüssen oder Samen, bis hin zu Marzipan im Apfelloch. Experimentieren Sie: Es kann dabei nichts schiefgehen.*

Vanillesauce

1 Vanillestange oder ½ TL Vanillepulver
½ – ¾ l Milch
2 – 3 Eigelb
2 EL Zucker
1 EL Speisestärke

Schlitzen Sie die Vanillestange auf und legen Sie sie in die Milch, die Sie langsam zum Kochen bringen (oder geben Sie das Pulver dazu). Inzwischen rühren Sie das Eigelb mit dem Zucker und dem Stärkemehl in einem emaillierten oder Edelstahltopf schaumig und gießen die heiße Milch langsam dazu, während Sie weiter mit dem Schneebesen fleißig rühren. Dann lassen Sie die Sauce auf dem Herd noch mal hochsteigen und nehmen sie dann vom Feuer, schlagen sie aber noch kurz weiter.

Übrigens: *Der Duft der Äpfel im Backofen, wenn draußen die ersten Herbststürme ums Haus pfeifen und es regnet und kalt wird, hat einen Charme, dem sich einfach niemand entziehen kann. Genießen Sie die Vanillesauce zu den Backäpfeln!*

Gespickte Äpfel

4 EL Rosinen
200 ml Apfelwein oder Weißwein
4 große Äpfel
2 EL Mandelstifte
Butter für die Form und zum Überbacken
2 EL Johannisbeergelee

Weichen Sie die Rosinen im Wein ein. Stechen Sie aus den Äpfeln jeweils das Kernhaus aus und spicken Sie sie mit den Mandelstiften. Setzen Sie sie in eine gebutterte feuerfeste Form. Dann vermischen Sie die abgetropften Rosinen mit dem Johannisbeergelee und füllen die Mischung in die Apfellöcher. Gießen Sie den Wein, in dem die Rosinen einweichten, über die Äpfel und setzen Sie ein paar Butterflöckchen obenauf. Dann backen Sie die Äpfel bei etwa 175 °C ungefähr 25 Minuten (je nach Größe und Festigkeit der Äpfel).

Übrigens: *Dazu passt Vanillesauce (Rezept siehe Seite 109) oder eine Weinschaumsauce (siehe folgendes Rezept).*

Weinschaumsauce

2 ganze Eier
4 Eigelb
abgeriebene Schale einer unbehandelten Orange oder Zitrone
3 EL Vollrohrzucker
100 ml Apfelmost oder Weißwein

Schlagen Sie alle Zutaten im Wasserbad zu einer lockeren, cremigen Sauce auf – mit dem Pürierstab oder einem Handrührgerät. Achtung: nicht zu lange schlagen, damit die Sauce nicht gerinnt!

Gefüllte Äpfel auf türkische Art

½ Tasse Milchreis oder Basmatireis
1 Tasse Wasser
etwas Salz
8 würzige Äpfel
200 g Vollrohrzucker
1 EL Korinthen
6 getrocknete Datteln
50 g Butter
½ TL Zimtpulver
½ l Wasser
100 ml süße Sahne

Kochen Sie den Reis mit dem Wasser und etwas Salz 10 Minuten. In der Zwischenzeit schneiden Sie von den Äpfeln jeweils einen Deckel ab und höhlen sie etwas aus (dabei entfernen Sie auch das Kerngehäuse). Bestreuen Sie die Öffnungen mit 1 EL Zucker.

Geben Sie die Korinthen in den Reis und kochen Sie sie 5 Minuten mit. Schneiden Sie die Datteln in kleine Stücke und zerlassen Sie die Butter. Mischen Sie den fertigen Reis mit Dattelstückchen, Zimt, 1 EL Zucker und der heißen Butter. Gut umrühren!

Den restlichen Zucker lassen Sie mit ½ l Wasser 10 Minuten kochen.

Füllen Sie die Äpfel mit der Reismasse, setzen Sie ihnen die Deckel wieder auf. Dann kommen die Äpfel nebeneinander in eine feuerfeste Form. Gießen Sie den heißen Zuckersirup darüber. Backen Sie sie bei 175 °C ungefähr 40 Minuten, je nach Größe und Beschaffenheit der Äpfel.
Schlagen Sie die Sahne und setzen Sie vor dem Servieren auf jeden Apfel ein Sahnehäubchen.

Übrigens: *Im Orient liebt man es süß. Wenn Ihnen das Rezept zu süß ist, lassen Sie den EL Zucker, der in die ausgehöhlten Äpfel gestreut wird, weg. Sie können die Äpfel statt in Zuckersirup auch in Apfelsaft garen. Damit entfernen Sie sich dann aber ziemlich weit vom orientalischen Vorbild ...*

Apfelkompott auf traditionelle Art

100 g Vollrohrzucker
½ l Wasser
Saft einer halben Zitrone
8 Äpfel (am besten feste süßsäuerliche)

Kochen Sie den Zucker mit Wasser und Zitronensaft auf, legen Sie die (ausnahmsweise) geschälten Apfelachtel hinein und lassen Sie sie dünsten, bis sie eben beginnen, weich zu werden. Dann schöpfen Sie sie mit dem Schaumlöffel heraus, lassen den Saft noch ein wenig einkochen und gießen ihn dann vorsichtig über die Äpfel. Kalt servieren!

Übrigens: *Nach einer norddeutschen Variante lassen Sie eine Handvoll Korinthen mitdünsten. Lecker!*

Noch eine Art Apfelkompott

1 kg Äpfel (am besten feste süßsäuerliche)
200 ml Apfelsaft
1 Lorbeerblatt
4 Gewürznelken
1 Prise Muskatnuss

Schneiden Sie die Äpfel in Schnitze – mit oder ohne Schale, je nach Geschmack und Apfelsorte. Lassen Sie den Apfelsaft mit den Gewürzen aufkochen und dünsten Sie die Apfelschnitze darin weich. Entfernen Sie vor dem Servieren das Lorbeerblatt und die Nelken.

Übrigens: *Dieses Apfelkompott passt gut zu herzhaften Gerichten als Beilage anstelle von Salat. Als Dessert können Sie noch geschlagene Sahne oder Quark dazu reichen.*

Apfelmus

Waschen Sie die Äpfel (gern auch Falläpfel), schneiden Sie sie ungeschält in Stücke (faulige oder wurmige Stellen müssen Sie natürlich entfernen). Füllen Sie sie am besten in einen Dampfkochtopf, geben Sie so viel Wasser zu, dass die Apfelstücke gerade nicht anbrennen können, und garen Sie sie dann wenige Minuten, bis das Fruchtfleisch zerfällt. Wenn die Äpfel noch unreif oder sehr sauer sind, geben Sie etwas Zucker dazu; dann entfaltet sich das Aroma besser. Bei süßen oder schon sehr lang gelagerten Äpfeln ist das nicht nötig. Die weichen Äpfel rühren Sie durch die »Flotte Lotte« oder durch ein Sieb. Würzen Sie hernach, wenn das Mus nicht ohnehin schon herrlich schmeckt, mit etwas Honig, Zimt oder Gewürznelkenpulver.

Übrigens: *Apfelmus ist vielseitig. Reichen Sie es als Beilage z. B. zu Pfannkuchen, zu Waffeln, zu Kaiserschmarrn und Dampfnudeln oder auch als eigenständiges Dessert mit einem Klecks Schlagsahne oder Naturjoghurt obendrauf!*

Apfel-Wein-Suppe

4 saftige, säuerliche Äpfel
½ l Wasser
75 g Vollrohrzucker
1 Stück Zimtstange
1 unbehandelte Zitrone
2 TL Speisestärke
etwas Wasser
1 Eigelb
¼ l Weißwein oder Apfelwein
Suppenmakronen

Schälen, achteln und entkernen Sie die Äpfel. Kochen Sie das Wasser mit dem Zucker, der Zimtstange und der abgeriebenen Schale der Zitrone auf. Dünsten Sie die Apfelachtel etwa 5 Minuten darin. Nehmen Sie sie dann mit dem Schaumlöffel aus dem Topf.
Rühren Sie Speisestärke mit etwas Wasser an, verquirlen Sie das Eigelb darin und dicken Sie die Flüssigkeit im Topf damit an. Geben Sie den Wein und den Saft der Zitrone dazu und erhitzen Sie die Suppe erneut, ohne sie noch einmal kochen zu lassen. Legen Sie die Apfelstücke hinein, schmecken Sie ab und richten Sie die Suppe mit den Makronen an.

Übrigens: *Da die Suppe nicht mehr gekocht wird, nachdem Sie den Wein hinzugefügt haben, enthält sie noch Alkohol.*

Thüringer Apfelklöße

6 säuerliche Äpfel
1 EL Vollrohrzucker
½ Tasse Wein oder Milch
3 Eier
2 Handvoll Rosinen
3 EL Semmelbrösel
1 Handvoll Mandeln (nach Belieben)
1 Prise Zimtpulver
abgeriebene Schale einer halben unbehandelten Zitrone
Salz
etwa 250 g Weizenmehl (je nach Wassergehalt der Äpfel)
50 – 60 g Butter
etwas Zimtpulver und Zucker zum Bestreuen

Schneiden Sie die Äpfel in kleine Würfel, nachdem Sie sie entkernt haben, bestreuen Sie sie mit Zucker und übergießen sie mit Wein oder Milch. Dann geben Sie die Eier und die Rosinen hinzu, die Semmelbrösel, gegebenenfalls geriebene Mandeln, die Gewürze, eine Prise Salz und so viel Mehl, dass eine feste Masse entsteht.
Stechen Sie von dem Teig mit einem nassen Löffel Klöße ab. Lassen Sie die Klöße in siedendem Salzwasser garen, bis sie an die Oberfläche steigen und innen nicht mehr teigig sind.
Servieren Sie die Klöße mit zerlassener Butter und mit etwas Zimt und Zucker!

Übrigens: *Wenn Sie die Klöße lieber lockerer haben möchten, verwenden Sie kein Mehl, sondern nur Semmelbrösel.*

Sächsischer Apfelauflauf

½ l Milch
160 g Butter
4 EL Vollrohrzucker
1 Prise Salz
250 g Weizenmehl (Type 550)
8 Eier
8 säuerliche Äpfel
1 Glas Wasser
1 Glas Weißwein
Saft einer Zitrone
Fett für die Form
8 TL Johannisbeermarmelade
8 TL Rum

Bringen Sie die Milch zusammen mit der Butter, dem Zucker und 1 Prise Salz zum Kochen. Wenn sie aufwallt, schütten Sie das Mehl dazu (auf einmal!) und rühren, bis ein glatter Teig entsteht. Der Teig muss sich vom Topfboden lösen. Dann lassen Sie den Teig etwas abkühlen, ehe Sie die Eier einzeln nacheinander hinzugeben und jeweils so lange rühren, bis der Teig wieder glatt ist. Wenn er zu heiß ist, gerinnen die Eier.
Stechen Sie jeweils das Kernhaus aus den Äpfeln. Wenn Sie es lieber mögen, können Sie sie auch schälen. Lassen Sie Wasser mit Wein und Zitronensaft in einem breiten Topf aufkochen, legen Sie die Äpfel

hinein und lassen Sie sie kurz dünsten (nicht weich werden lassen). Dann setzen Sie die Äpfel in eine gefettete Auflaufform und geben in die Öffnungen je 1 TL Marmelade und 1 TL Rum. Schließlich gießen Sie den Teig darüber und verteilen ihn, sodass er die Äpfel bedeckt. Backen Sie den Auflauf bei etwa 180 °C etwa 40 Minuten lang. Servieren Sie diesen Auflauf heiß mit Vanillesauce (siehe Seite 109) oder mit Eierlikör.

Übrigens: *Diesen Auflauf aßen wir mit großem Genuss bei Freunden in Leipzig. Er eignet sich sowohl als süßes Hauptgericht wie auch zu Kaffee oder Tee am Nachmittag, z. B. nach einer herbstlichen Wanderung durch die Apfelwiesen.*

Apfel-Bettelmann

altes Vollkornbrot (mit Weißbrot geht's auch)
Butter
Äpfel
Zitronensaft
Ahornsirup
Zimtpulver

Bestreichen Sie die harten Brotscheiben mit Butter, legen Sie sie in eine gebutterte Auflaufform, belegen Sie sie mit Apfelscheiben, träufeln Sie Zitronensaft und Ahornsirup darüber, bestreuen Sie das Ganze mit etwas Zimt. Dann kommt wieder eine Schicht Brotscheiben, dann Apfelscheiben ... usw. wie oben. Zum Schluss Butterflöckchen daraufsetzen und im Backofen bei 200 °C etwa 40 Minuten backen.

Übrigens: *Ein ideales Gericht, wenn Sie trockenes Brot übrig haben, das niemand mehr essen will.*

Ofenschlupfer mit Reinetten und Rosinen auf Luzerner Art

400 g Brotreste
3 EL Butter
700 g Äpfel (Reinetten)
2 EL Rosinen
100 g grob gehackte Nüsse
Butter für die Form
3 Eier
150 ml süße Sahne
180 g Naturjoghurt
1 Vanilleschote oder 1 Päckchen Vanillezucker
1 unbehandelte Zitrone
etwas Zimtpulver

Würfeln Sie die Brotreste. Lassen Sie die Butter in einer Pfanne schmelzen und rösten Sie die Brotwürfelchen darin. Schneiden Sie die Äpfel in Viertel und dann in Scheibchen. Schichten Sie abwechselnd Brotwürfel, Äpfel, Rosinen und gehackte Nüsse in eine gebutterte Auflaufform.

Dann rühren Sie die Eier, die Sahne, den Joghurt und das Mark der Vanilleschote oder den Vanillezucker miteinander glatt. Schälen Sie die Zitrone dünn ab, schneiden Sie die Schale in dünne Streifchen und mischen Sie sie zusammen mit dem Zimt unter den Guss. Den Guss gießen Sie über den Auflauf und backen ihn dann bei 180 °C ungefähr 35 Minuten.

Apple-Pie

Für den Teig:
250 – 300 g Weizenmehl
150 g Butter
1 Prise Salz
3 – 4 EL warmes Wasser
1 EL Obstler oder Rum

Für die Füllung:
1 kg Äpfel
2 – 3 EL Honig
1 MSP Zimtpulver
1 MSP Ingwerpulver
Saft und Schale einer unbehandelten Zitrone
Butter für die Form
etwa 50 g Butter

Schütten Sie das Mehl in eine Schüssel, geben Sie in die Mitte die in Stückchen geschnittene Butter, das Salz, das Wasser und den Obstler oder Rum und kneten Sie aus diesen Zutaten einen Mürbteig.
Während er ruht (am besten im Kühlschrank), schneiden Sie für die Füllung die Äpfel mit Schale, aber ohne Kernhaus, in feine Scheibchen und vermischen sie mit Honig, Zimt, Ingwer, Zitronenschale und dem Zitronensaft. Dann teilen Sie den Teig in zwei Hälften und rollen beide zu einer Platte, die gerade etwas größer ist als Ihre feuerfeste Form, aus. Fetten Sie die Form und legen Sie eine Teigplatte hinein, sodass der Rand hochsteht. Darauf füllen Sie die Apfelmischung. Verteilen Sie darüber einige Butterflöckchen und breiten Sie dann die zweite Teigplatte darauf aus. Drücken Sie sie am Rand gut an.

Wenn etwas Teig übrig ist, können Sie daraus Blumen oder Blätter ausstechen und die Pastete (engl.: *Pie)* damit verzieren. Schließlich stechen Sie an mehreren Stellen in die Teigdecke, damit beim Backen der Dampf entweichen kann und der Teig nicht reißt. Backen Sie den Apple-Pie bei etwa 175 °C 50 – 60 Minuten.

Übrigens: *Dazu passt Vanillesauce (siehe Seite 109).*

Apfelomelett – ein Rezept aus dem Iran

250 g Kartoffeln
4 säuerliche Äpfel
ein paar Safranfäden
etwas geriebene Muskatnuss
1 EL Vollrohrzucker
etwas heißes Wasser
4 Eier
Butter zum Backen

Kochen Sie die Kartoffeln mit der Schale. Wenn sie gar sind, ziehen Sie die Schale ab und zerdrücken die Kartoffeln möglichst fein. Reiben Sie die Äpfel dazu. Verrühren Sie Safran, Muskat und Zucker mit etwas heißem Wasser und gießen Sie die Mischung zu dem Kartoffel-Apfel-Brei. Gut verrühren! Zuletzt rühren Sie die Eier unter die Mischung. Zerlassen Sie die Butter in einer Pfanne, füllen Sie den Teig portionsweise ein und backen Sie die Omeletts von beiden Seiten goldbraun.

Übrigens: *Die Omeletts taugen sowohl als Hauptgericht (nicht nur für Kinder!) als auch zum Tee oder Kaffee am Nachmittag anstelle von Kuchen.*

Apple-Crumble

4 säuerliche Äpfel, nicht zu klein
Fett für die Form
etwa 4 TL Zitronensaft
160 g Roh-Rohrzucker
160 g Butter oder Margarine (zimmerwarm)
160 g Dinkelmehl (Type 630 oder 1050 oder Vollkornmehl)
160 g gemahlene Mandeln oder Haselnüsse
etwas Zimtpulver

Putzen Sie die Äpfel und schälen Sie sie, wenn Sie wollen. Entfernen Sie jeweils das Kernhaus und schneiden Sie die Äpfel in Würfel. Füllen Sie die Würfel in eine gefettete Auflaufform und marinieren Sie sie mit dem Zitronensaft. Verkneten Sie die übrigen Zutaten zu Streuseln, die Sie über die Äpfel geben. Backen Sie den Apple-Crumble im Ofen bei 200 °C etwa 20 Minuten, bis die Streusel beginnen, braun und knusprig zu werden.

Kuchen, Torten, Gebäck

Aargauer Apfelkuchen

Für den Teig:
100 g Butter
3 EL Honig
2 Eier
1 TL Weinsteinbackpulver
200 g fein gemahlener Weizen oder Dinkel
Butter für die Form
3 EL gemahlene Nüsse zum Bestreuen

Für die Füllung:
600 g Äpfel
Saft einer halben Zitrone
3 EL Rosinen

Für den Guss:
200 g Magerquark
300 g saure Sahne
3 EL Honig
2 Eigelb
1 EL Vanillezucker
abgeriebene Schale einer unbehandelten Zitrone
2 Eiweiß

Rühren Sie Butter, Honig und Eier schaumig, geben Sie das mit dem Backpulver vermischte Mehl dazu und verarbeiten Sie das Ganze zu einem ziemlich festen Rührteig. Füllen Sie den Teig in eine ausgebutterte Springform, streichen Sie ihn mit einem kalt abgespülten Löffel glatt und ziehen Sie dabei einen zwei Zentimeter hohen Rand hoch.

Vierteln Sie für die Füllung die Äpfel und schneiden Sie dabei jeweils das Kernhaus heraus. Schneiden Sie die Viertel in dünne Scheibchen. Mischen Sie die Äpfel mit Zitronensaft und Rosinen und lassen Sie sie durchziehen, während Sie den Quarkguss bereiten.

Für den Guss alle Zutaten gut miteinander verrühren, lediglich das Eiweiß wird zunächst zu Eischnee geschlagen und zuletzt untergehoben. Streuen Sie die gemahlenen Nüsse auf den Rührteigboden, geben Sie die Apfelmischung darauf und übergießen Sie die Äpfel mit dem Quarkguss. Backen Sie den Kuchen im vorgeheizten Backofen bei 180 °C 60 – 70 Minuten. Lassen Sie ihn etwas auskühlen, bevor Sie ihn aus der Form lösen.

Übrigens: *Dieses Rezept liest sich etwas kompliziert? Aber es gelingt sicher und lohnt sich. Probieren Sie es einfach aus!*

Glemser Apfeltorte

Für die Füllung:
1 kg Äpfel
¾ l Apfelsaft
200 g Roh-Rohrzucker
2 Päckchen Vanillepuddingpulver

Für den Teig:
200 g frisch gemahlenes Dinkelvollkornmehl
100 g kalte Butter
3 EL Honig
1 großes Ei oder 2 kleine Eier
Fett für die Form

Zum Garnieren:
geschlagene Sahne

Am Vorabend schälen Sie zunächst die Äpfel und schneiden sie in feine Spalten. Dann kochen Sie aus Apfelsaft, Zucker und Puddingpulver einen Apfel-Vanille-Pudding (nicht mit Milch!), heben die Apfelspalten darunter und lassen ihn über Nacht abkühlen und fest werden.
Am nächsten Tag bereiten Sie einen Mürbteig und lassen ihn im Kühlschrank eine halbe Stunde ruhen. Wellen Sie ihn danach so aus, dass Sie eine eingefettete Springform damit auskleiden und einen drei Zentimeter hohen Rand hochziehen können. Auf den Teig füllen Sie den festen Pudding und streichen ihn glatt. Backen Sie den Kuchen bei 180 °C 50 – 60 Minuten. Verzieren Sie ihn mit geschlagener Sahne aus der Spritztüte.

Übrigens: *Diese Torte probierten wir beim Tag der offenen Tür im Glemser Obstbaumuseum. Wir bedanken uns für das köstliche Rezept bei Karin Wick-Maier.*
Wenn nur Erwachsene den Kuchen essen, können Sie bis zu zwei Drittel des Apfelsafts durch Apfelwein ersetzen. Dann nehmen Sie vielleicht ein bisschen mehr Zucker. Der Kuchen bekommt dadurch eine feine Säure, die mit dem süßen Teig wunderbar kontrastiert.

Apfel-Polenta-Kuchen

50 g Rosinen
3 EL Sambuca oder Pernod
(oder 3 EL Apfelsaft mit einem Hauch Anispulver)
750 g Äpfel
2 EL Zitronensaft
Fett für die Form
400 g feiner Maisgrieß (Polenta)
200 g Butter
50 ml Milch
125 g Zucker
1½ TL Weinsteinbackpulver
1 Prise Salz
4 Eier
100 g Pinienkerne
Puderzucker zum Bestäuben

Weichen Sie die Rosinen zunächst in Sambuca oder Pernod ein (wenn es alkoholfrei sein soll, verwenden Sie mit Anis aromatisierten Apfelsaft). Vierteln Sie die Äpfel, schneiden Sie jeweils das Kernhaus heraus und zerteilen Sie die Viertel in dünne Scheibchen. Beträufeln Sie die Apfelscheibchen mit Zitronensaft.

Fetten Sie eine Springform ein und streuen Sie sie mit wenig Maisgrieß aus. Dann schmelzen Sie die Butter, geben sie in eine Schüssel und lassen sie abkühlen. Verrühren Sie sie mit Milch und Zucker. Mischen Sie Maisgrieß mit Backpulver und Salz und rühren Sie den Grieß nach und nach unter die Buttermischung. Schlagen Sie die Eier einzeln auf und rühren Sie sie unter den Teig. Rösten Sie die Pinienkerne in einer trockenen Pfanne leicht an und heben Sie sie mit den Rosinen, der Einweichflüssigkeit und den Äpfeln unter den Teig.

Füllen Sie den Teig in die Form und streichen Sie ihn glatt. Lassen Sie den Kuchen im vorgeheizten Backofen bei 180 °C etwa 45 Minuten backen. Vor dem Servieren bestreuen Sie ihn leicht mit Puderzucker.

Übrigens: *Statt der Pinienkerne können Sie auch Mandeln oder Walnüsse nehmen. Mandeln stifteln und ebenfalls leicht anrösten. Walnüsse nur grob hacken.*
Probieren Sie den Kuchen mal mit säuerlichen, mal mit süßeren Äpfeln. Er schmeckt jedes Mal anders. Ein Kuchen für besondere Gelegenheiten, der nicht schwer im Magen liegt.

Tarte Tatin oder Tarte renversée

Für den Mürbteig:
150 g Weizenmehl
35 g Puderzucker
1 MSP Vanillepulver oder ein wenig geriebene Zitronenschale
1 Prise Salz
1 Eigelb
100 g Butter
Mehl für die Arbeitsfläche

Für den Belag:
700 g säuerliche Äpfel
100 g Zucker
Fett für die Form
1 Päckchen Vanillezucker
geschlagene Sahne nach Belieben

Mischen Sie Mehl, Zucker und Gewürze in einer Rührschüssel. Geben Sie das Eigelb hinzu und die kalte Butter in kleinen Stückchen. Dann verkneten Sie alles rasch zu einem homogenen Teig. Stellen Sie ihn in den Kühlschrank.
Schälen Sie die Äpfel, stechen ihnen jeweils das Kernhaus aus und schneiden sie in dünne Scheiben. In einer trockenen Pfanne schmelzen Sie den Zucker bei niedriger Temperatur und lassen ihn karamellisieren. Wenn er dünnflüssig ist, gießen Sie ihn in die vorher eingefettete Kuchenform und verteilen ihn durch Schwenken in der ganzen Form. Nun verteilen Sie die Apfelscheiben auf dem Karamell und bestreuen sie mit dem Vanillezucker.

Auf einer bemehlten Arbeitsfläche wellen Sie den Teig möglichst rund aus und legen ihn dann über die Äpfel, wobei Sie den Rand rundum zwischen dem Rand der Form und den Äpfeln einschlagen. Dann backen Sie den Kuchen bei 180 °C etwa 35 Minuten. Wenn er fertig ist, stürzen Sie ihn auf einen Kuchenteller. Lassen Sie den Kuchen auskühlen und servieren Sie ihn dann mit etwas geschlagener Sahne!

Übrigens: *Wenn beim Stürzen Apfelscheiben an der Form kleben bleiben, so lässt sich das leicht nachträglich reparieren.*

Apfelkuchen mit Sonnenblumenkernkruste

Für den Teig:
4 Eier
1 Prise Salz
125 g Butter
125 g Honig
abgeriebene Schale einer unbehandelten Zitrone
1 EL Zitronensaft
2 TL Weinsteinbackpulver
200 g fein gemahlener Weizen oder Dinkel
Fett für die Form

Für den Belag:
4 Äpfel
Saft einer halben Zitrone
40 g Honig
50 g Butter
125 g Sonnenblumenkerne

Schneiden Sie die Äpfel in Viertel und schälen Sie sie. Dann schneiden Sie die Viertel auf der Außenseite ein paarmal ein, beträufeln sie mit Zitronensaft und stellen sie zugedeckt zur Seite.
Trennen Sie die Eier und schlagen Sie das Eiweiß mit Salz zu einem festen Eischnee. Rühren Sie die weiche Butter mit dem Honig cremig, dann geben Sie nach und nach die Eigelbe hinzu, danach die Zitronenschale und den Zitronensaft. Zuletzt rühren Sie das mit dem Backpulver vermischte Mehl löffelweise ein. Heben Sie vorsichtig den Eischnee darunter, füllen Sie den Teig in die eingefettete Springform und streichen Sie ihn glatt. Verteilen Sie die Apfelviertel auf dem Teig.

Für den Belag erwärmen Sie den Honig mit 30 g Butter und wenden die Sonnenblumenkerne darin. Verteilen Sie die Kerne zwischen den Apfelvierteln auf dem Kuchen. Zerlassen Sie die restliche Butter und bepinseln Sie damit die Äpfel. Den Kuchen bei 180 °C im vorgeheizten Backofen etwa 40 Minuten backen. Dann nehmen Sie ihn aus dem Ofen und lassen ihn zunächst 5 Minuten stehen, ehe Sie die Springform öffnen.

Übrigens: *Ein festlicher Kuchen, die Kruste schmeckt ausgesprochen lecker. Wenn Sie mögen, können Sie ihn noch mit geschlagener Sahne servieren. Er ist aber auch schon ohne Sahne nicht gerade leicht.*

Altländer Apfel-Butterkuchen

Für den Teig:
25 g frische Hefe oder 1 Päckchen Trockenhefe
¼ l Milch
500 g fein gemahlenes Weizenmehl
1 Prise Salz
80 g weiche Butter
1 Eigelb
Mehl für die Arbeitsfläche
Fett für das Backblech

Für den Belag:
1 kg Äpfel
Saft einer Zitrone
4 EL Wasser
50 g Honig
30 g Roh-Rohrzucker
½ TL Vanillepulver
125 g kalte Butter
100 g Mandelblättchen

Lösen Sie die Hefe in der angewärmten Milch auf und lassen Sie sie etwas gehen. Geben Sie das Mehl mit den übrigen Zutaten und der angerührten Hefe in eine Schüssel und kneten Sie daraus einen geschmeidigen Hefeteig. Lassen Sie den Teig zugedeckt an einem warmen Ort gehen.

In der Zwischenzeit vierteln und schälen Sie die Äpfel, entfernen jeweils das Kernhaus und schneiden Sie die Stücke in dicke Scheiben, die Sie mit dem Saft der Zitrone vermengen.

Die Apfelscheiben mit dem Wasser und Honig in einen Topf geben und 3 Minuten dünsten.
Wenn der Teig auf etwa das doppelte Volumen aufgegangen ist, schlagen Sie ihn zusammen, kneten ihn noch einmal kurz durch und wellen ihn dann auf einer bemehlten Arbeitsfläche auf die Größe Ihres Backbleches aus. Das Blech einfetten, den Teig darauf legen und die Äpfel darüber verteilen.
Mischen Sie den Zucker mit dem Vanillepulver und schneiden Sie die Butter in kleine Stückchen. Verteilen Sie die Butter auf den Äpfeln und streuen Sie den Vanillezucker und die Mandelblättchen darüber. Den Kuchen etwa 25 Minuten im auf 200 °C vorgeheizten Ofen backen.

Wiener Apfelstrudel

Für den Teig:
300 g feines, griffiges Weizenmehl (Type 550)
½ TL Salz
5 EL Öl (z. B. Leinöl oder Distelöl)
etwa 150 ml warmes Wasser

Für die Füllung:
2 kg säuerliche Äpfel
125 g Rosinen
70 g Nüsse
60 – 80 g Zucker
etwas Zimtpulver
3 EL Öl
80 – 100 g Butter für die Fettpfanne
Puderzucker zum Bestreuen

Sieben Sie das Mehl auf ein Brett, drücken eine Mulde in die Mitte und geben Salz, Öl und ein wenig warmes Wasser hinein. Rühren Sie zunächst mit einem Holzlöffel von innen nach außen, bis Öl und Wasser gebunden sind. Dann kneten Sie den Teig tüchtig mit beiden Händen, wobei Sie bei Bedarf noch etwas Wasser hinzufügen. Der Teig soll schließlich nicht mehr an den Händen oder am Brett kleben. Je länger und kräftiger Sie kneten, desto leichter lässt sich der Teig hernach ausrollen und ziehen. Der fertige Teig soll mindestens eine halbe Stunde ruhen, dabei möchte er es warm haben. Traditionellerweise stülpt man einen heißen Kochtopf darüber.
In der Zwischenzeit putzen Sie für die Füllung die Äpfel und schneiden sie in feine Scheibchen. Sie blanchieren und trocknen die Rosinen, hacken die Nüsse und mischen Zucker und Zimt.

Teilen Sie den Teig in drei gleiche Teile. Zwei bleiben unter dem Topf, den dritten rollen Sie zu einem Rechteck aus. Der Teig soll papierdünn sein. Dann legen Sie ihn auf ein sauberes Geschirrtuch, bestreichen ihn bis auf die Ränder mit ein wenig Öl, belegen ihn dick mit den Äpfeln, verteilen eine Handvoll Rosinen und Nüsse darüber und bestreuen alles mit Zimtzucker. Dann rollen Sie den Teig mithilfe des Geschirrtuchs von der längeren Seite her auf. Die Enden drücken Sie gut zusammen und die offene Kante gut an. Mit den beiden anderen Teigteilen verfahren Sie ebenso.

Inzwischen haben Sie Ihren Backofen auf 200 °C vorgeheizt und in Ihrer Fettpfanne die Butter zerlassen. Sie legen die Strudel nebeneinander in die Pfanne, sodass ein schmaler Spalt zwischen ihnen bleibt, und bestreichen sie mit dem flüssigen Fett. Nun schieben Sie die Pfanne wieder in den Ofen. Die Strudel müssen etwa 30 Minuten backen. Zwischendurch bepinseln Sie sie immer mal wieder mit zerlassener Butter. Wenn sie schließlich goldgelb sind, werden sie mit Puderzucker bestreut und heiß serviert.

Übrigens: *Dazu passt Vanillesauce (siehe Seite 109) oder Vanilleeis oder – etwas üppig, aber alte Wiener Tradition – ungesüßte Sahne. Sie können freilich auch nur einen großen Strudel machen: Der braucht dann ungefähr 45 Minuten zum Backen.*

Saftiger Apfelkuchen Basler Art

500 g Äpfel
Saft einer Zitrone
175 g Butter
150 g Roh-Rohrzucker
3 Eier
100 ml süße Sahne
1 Prise Salz
100 g Mandeln
375 g Weizenmehl
1 Päckchen Weinsteinbackpulver
Butter für die Form
250 g Puderzucker
etwa 2 EL Calvados oder Obstler

Schälen Sie die Äpfel, schneiden Sie sie in dicke Scheiben und beträufeln Sie sie mit Zitronensaft. Heizen Sie den Ofen auf 180 °C vor. Dann rühren Sie die Butter schaumig, fügen Zucker, Eier, Sahne und Salz hinzu und rühren dann tüchtig weiter. Fügen Sie Mandeln und Äpfel hinzu. Mischen Sie Mehl und Backpulver und rühren es löffelweise unter. Füllen Sie den Teig in eine gebutterte Kastenform und backen Sie den Kuchen ungefähr 60 Minuten (Hölzchenprobe!). Bereiten Sie aus Puderzucker und Calvados oder Obstler einen Guss und überziehen Sie den Kuchen damit, wenn er ausgekühlt ist.

Altenglisches Käse-Apfel-Brot

500 g Dinkel- oder Weizenmehl (Type 1050)
1 EL Weinsteinbackpulver
½ TL Salz
60 g Butter in Flöckchen
4 grob geraffelte Äpfel
125 g geriebener Cheddarkäse
3 Eier
Öl für die Form
Haferflocken zum Bestreuen

Mischen Sie Mehl, Backpulver und Salz in einer Schüssel, verteilen Sie die Butterflöckchen darauf und kneten Sie mit den Fingern Streusel daraus. Dann fügen Sie die geraffelten Äpfel, den Käse und die verquirlten Eier hinzu und vermengen alles gründlich miteinander.
Füllen Sie den Teig in die mit Öl ausgepinselte mittelgroße Kastenform, streichen Sie ihn glatt und bestreuen Sie ihn mit Haferflocken. Backen Sie das Brot im vorgeheizten Ofen bei 180 °C etwa 90 Minuten (nach der Hälfte der Zeit eventuell Temperatur reduzieren, je nach Ofen). Dann testen Sie, ob das Brot gar ist (Hölzchenprobe!). Lassen Sie es auf einem Drahtrost auskühlen.

Übrigens: *Dieses Brot eignet sich gut für ein Picknick und schmeckt auch lecker zum Tee. Durch die Wahl der Apfelsorte verleihen Sie dem Gebäck einen leicht süßen oder einen eher säuerlichen Geschmack. Es muss nicht unbedingt Cheddarkäse sein, wenn Sie keinen bekommen können oder ihn nicht mögen. Jeder andere nicht zu milde Hartkäse tut's auch.*

Apfeltaschen

Für den Teig:
500 g Weizen- oder Dinkelmehl
½ Würfel frische Hefe
50 g Roh-Rohrzucker oder 1 EL Honig
125 ml lauwarme Milch
100 g weiche Butter
2 Eier
1 Prise Salz

Für die Füllung:
500 g mild-säuerliche Äpfel
100 g Rosinen
50 g gemahlene Mandeln
1 – 2 EL Honig
Saft einer Zitrone

außerdem:
1 Eigelb zum Bestreichen
Fett für das Backblech

Bereiten Sie aus den angegebenen Zutaten für den Teig einen Hefeteig. Wenn Sie Vollkornmehl verwenden oder das Getreide frisch mahlen, brauchen Sie vielleicht etwas mehr Milch. Andererseits braucht Dinkel etwas weniger Flüssigkeit als Weizen. Also: In jedem Fall geben Sie nicht die ganze Flüssigkeit auf einmal in den Teig.
Während der Teig geht (bitte decken Sie ihn zu, damit die Oberfläche nicht austrocknet!), vierteln, entkernen und würfeln Sie für die Füllung die Äpfel. Mischen Sie die Apfelwürfel mit Rosinen, Mandeln, Honig und Zitronensaft.

Rollen Sie den Teig etwa einen halben Zentimeter dick aus und schneiden Sie ihn in Quadrate. Verteilen Sie die Füllung auf den Teigquadraten, bestreichen Sie die Ränder des Teigs mit verquirltem Eigelb, klappen Sie die Quadrate zu und drücken Sie die Ränder gut aufeinander. Mit dem restlichen Eigelb bestreichen Sie die Oberfläche der Teigtaschen. Legen Sie sie auf ein gebuttertes Backblech.
Heizen Sie den Ofen auf 180 °C vor und lassen Sie derweil die Apfeltaschen noch einmal gehen. Wenn der Ofen heiß ist, backen Sie die Apfeltaschen etwa 20 Minuten.

Zwiebel-Apfel-Kuchen

Für den Teig:
250 g frisch gemahlenes Weizen- oder Dinkelmehl
½ Päckchen Trockenhefe
1 TL Honig
125 ml lauwarme Milch
Fett für die Form

Für den Belag:
750 g Gemüsezwiebeln
3 EL Distel- oder Sonnenblumenöl
½ Tasse Wasser
Salz, Pfeffer
500 g säuerliche Äpfel
Saft einer halben Zitrone
50 g Butter

Aus Mehl, Hefe, Honig und Milch kneten Sie einen weichen Hefeteig und lassen ihn gehen, bis sich sein Volumen verdoppelt hat.
Schneiden Sie für den Belag die geschälten Zwiebeln in dünne Scheiben und dünsten Sie sie in dem Öl glasig. Fügen Sie das Wasser hinzu und lassen Sie sie zugedeckt garen. Würzen Sie mit Salz und Pfeffer.
Wenn der Teig ausreichend gegangen ist, kneten Sie ihn noch einmal durch und legen dann eine gefettete Springform damit aus. Verteilen Sie die Zwiebeln auf dem Teig. Die Äpfel schneiden Sie in dünne Scheiben, die Sie mit Zitronensaft beträufeln und auf die Zwiebeln legen. Darüber gießen Sie die zerlassene Butter. Im vorgeheizten Ofen backen Sie den Kuchen bei 200 °C ungefähr 45 Minuten.

Übrigens: *Der einfache und originelle Zwiebelkuchen ist eine willkommene Abwechslung beim Brunch oder Abendessen im Freien.*

Mostkekse

200 g Weizen- oder Dinkelmehl
200 g Butter
3 – 4 EL Apfelwein
Marmelade
Puderzucker

Aus Mehl, Butter und Apfelwein kneten Sie einen Mürbteig, wellen ihn aus, stechen runde Kekse aus, füllen auf jeden einen Klecks Marmelade und klappen ihn zum Halbrund zu. Drücken Sie die Ränder etwas aufeinander. Backen Sie die Kekse bei etwa 170 °C, bis sie goldbraun sind. Wenn die Kekse abgekühlt sind, mit Puderzucker bestreuen.

Mostpudding

4 Eier
120 g Puderzucker
120 g Semmelbrösel
3 EL Weizen- oder Dinkelmehl
je 1 TL Zimt- und Gewürznelkenpulver
Fett für die Form
1 Tasse heißer Apfelwein
geschlagene Sahne

Trennen Sie die Eier und schlagen Sie das Eiklar zu steifem Schnee. Rühren Sie das Eigelb mit dem Zucker schaumig und heben die Semmelbrösel, Mehl, Gewürze und den Eischnee darunter. Füllen Sie den Teig in eine gefettete Kuchenform und backen Sie ihn 45 Minuten bei 170 °C. Übergießen Sie den Kuchen mit dem heißen Apfelwein und servieren Sie ihn mit geschlagener Sahne.

Wenn es einmal schnell gehen muss:

Einfacher Apfelkuchen

Für den Teig:
125 g Butter
125 g Vollrohrzucker
2 – 3 Eier (je nach Größe)
abgeriebene Schale einer halben unbehandelten Zitrone oder ¼ TL Vanillepulver
200 g frisch gemahlenes Weizen- oder Dinkelmehl
2 gestrichene TL Weinsteinbackpulver
Fett für die Form

Für den Belag:
500 g Äpfel (etwa 6 Stück)
Puderzucker

Bereiten Sie aus den angegebenen Zutaten einen Rührteig und füllen Sie ihn in eine gefettete Springform. Schälen Sie für den Belag die Äpfel, schneiden Sie sie in Viertel, entfernen Sie das Kernhaus und schneiden Sie die Viertel auf der Außenseite mehrmals längs ein. Legen Sie die Viertel in zwei Kreisen auf den Kuchen. Dann backen Sie ihn bei 180 °C ungefähr 40 Minuten. Vor dem Aufschneiden bestreuen Sie ihn mit Puderzucker.

Übrigens: *Natürlich können Sie auch für dieses Rezept statt frisch gemahlenem Mehl Auszugsmehl oder Brotmehl verwenden. So ein einfacher Teig hat aber mit Vollkornmehl mehr Charakter.*

Kinderlied

In meinem kleinen Apfel,
da sieht es lustig aus:
Es sind darin fünf Stübchen,
grad wie in einem Haus.

In jedem Stübchen wohnen
zwei Kernchen schwarz und fein,
die liegen drin und träumen
vom lieben Sonnenschein.

Sie träumen auch noch weiter
gar einen schönen Traum,
wie sie einst werden hängen
am lieben Weihnachtsbaum.

Richtig süß: Zucker oder nicht?

Äpfel werden – soweit nicht roh verzehrt – vielfach in Süßspeisen und Kuchen verwendet. Also lohnen sich gewiss ein paar Bemerkungen zum Thema »Süßen«.

Natürlich enthält jeder Apfel Fruchtzucker. Es gibt säuerliche und süße Äpfel. Wenn Sie Äpfel roh essen wollen, suchen Sie sich die aus, die Ihnen am besten schmecken. Je nach Zuckergehalt des Apfels müssen Sie das Apfelmus und den Saft, den Sie daraus bereiten, auch gar nicht mehr weiter süßen. Beim Konservieren, beim Kuchenbacken und beim Bereiten von Süßspeisen kommen Sie aber um das Thema nicht herum.

Generell sind naturbelassene Süßungsmittel deutlich teurer als der weiße, raffinierte Zucker. Bei sparsamer Verwendung spielt der Preisunterschied aber keine so große Rolle. Wir wollen Ihnen kurz die verschiedenen Möglichkeiten des Süßens vorstellen.

Apfel-Dicksaft

Aus Äpfeln (und Birnen) bzw. ihrem Saft wird Apfel- (oder Birnen-) Dicksaft hergestellt, den Sie zum Süßen verwenden können. Er eignet sich gut für erhitzte Speisen wie Gebäck, Apfelmus oder Kompott, das frisch verzehrt werden soll. Er wird hergestellt, indem man den Saft in einer Vakuumanlage unter Druck eindickt. Aus sieben Liter Saft wird dabei ein Liter Dicksaft. Wählen Sie Dicksaft aus biologischer Produktion! Dann haben Sie die Gewähr, dass Früchte aus kontrolliert biologischem Anbau so schonend wie möglich verarbeitet und nicht noch weiter filtriert, aromatisiert, entsäuert, pasteurisiert oder sterilisiert wurden, wodurch der ernährungsphysiologische Wert erheblich sinkt. Auch im Bio-Dicksaft sind nur noch wenig Vitamine enthalten. Aber er konzentriert den Gehalt an Mineralstoffen.

Zucker

Das am häufigsten verwendete Süßungsmittel ist natürlich der Zucker. Dass isolierter Zucker in der Vollwerternährung nicht empfohlen wird, hat sich inzwischen herumgesprochen. Das gilt selbst dann, wenn der Zucker aus biologischer Produktion stammt (es gibt inzwischen auch Zucker aus Ökorüben). Zucker benötigt zu seiner Verwertung im Körper Vitamin B_1, das er selbst aber nicht enthält.

Als Alternative kann Roh-Rohrzucker oder Vollrohrzucker verwendet werden. Zur Herstellung von Roh-Rohrzucker wird das geschnetzelte Zuckerrohr zunächst durch Walzen gepresst. Den Saft dickt man in Vakuumkesseln ein, der auskristallisierte Zucker wird durch Zentrifugen (also mechanisch statt chemisch wie beim weißen Zucker) vom Sirup getrennt. Noch schonender wird der Vollrohrzucker hergestellt: Er wird gerührt, getrocknet, vermahlen und gesiebt. Hier werden die Zuckerkristalle nicht vom Sirup getrennt. Beide Zuckerarten enthalten noch sehr geringe Mengen an Vitaminen und Mineralstoffen – Vollrohrzucker mehr als Roh-Rohrzucker. Beide Zuckerarten gibt es nur in biologischer Qualität.

Konventioneller brauner Zucker ist ein Zwischenprodukt auf dem industriellen Weg zum weißen Zucker.

Auch Roh- und Vollrohrzucker sollten in der Vollwerternährung sparsam verwendet werden, doch sind sie beim Kochen und Backen eine gute Alternative zum Honig, da dessen Wertigkeit beim Erhitzen ohnehin zerstört wird. Inzwischen gibt es auch Vanillezucker und Puderzucker, die aus Roh-Rohrzucker hergestellt sind.

Zuckerrübensirup

Zuckerrübensirup ist der eingedickte Saft aus gekochten Zuckerrüben. Er enthält je nach Qualität 40 – 60 % Zucker. Bei schonender Verarbeitung bleiben neben Mineralstoffen auch B-Vitamine erhalten, die für die Verstoffwechslung wichtig sind. Konventionell angebaute

Rüben werden mit Kunstdünger und Spritzmitteln behandelt. Sirup aus biologischer Produktion ist daher vorzuziehen. Der Sirup eignet sich zum Süßen von Quarkspeisen, Desserts und Gebäck. Er hat einen kräftigen Eigengeschmack. Experimentieren Sie damit! Im Rheinland wird er traditionell gern als Brotaufstrich gegessen.

Ahornsirup

Für Obstsalate oder um die Säure der Zitrone in Salatdressings auszugleichen, für Milchmixgetränke oder Joghurt- und Quarkzubereitungen ist Ahornsirup ein wunderbares Süßungsmittel. Schon die Ureinwohner Nordamerikas verstanden die Kunst, den süßen Sirup (Zuckergehalt ungefähr 65 %) zu gewinnen. Den Ahornbäumen, die mindestens 30 bis 40 Jahre alt sein müssen, wird in der Zeit von Ende Februar bis Anfang April der Saft abgezapft, indem man traditionellerweise ein kleines Loch in den Baum bohrt und einen Eimer darunter hängt. In den Plantagen in Kanada sind die Bäume mit Plastikschläuchen und kilometerlangen Leitungen mit der Fabrik verbunden. Der Saft wird auf bis zu ein Fünfzigstel eingekocht. Der Sirup ist also sehr kostbar. 90 % der Weltproduktion stammen aus Kanada.

Bei konventioneller Produktion werden Chemikalien eingesetzt, um beim Einkochen die Bildung von Schaum zu verhindern. Außerdem kommen in den Plantagen Kunstdünger und Spritzmittel zum Einsatz. Der Ahornsirup, den Sie im Reformhaus oder im Naturkostladen bekommen, stammt aus biologischem Anbau und wird ohne Zusatzstoffe weiterverarbeitet. Es gibt verschiedene Qualitäten, von denen die Qualitäten A und B die besten sind. Allen ist gemeinsam, dass sie nur begrenzt haltbar sind und im Kühlschrank aufbewahrt werden müssen.

Der Ahornsirup enthält viele Mineralstoffe, wegen des Einkochens aber fast keine Vitamine.

Stevia

Die Pflanze Stevia *(Stevia rebaudiana)* wird in Paraguay traditionell als Süßungsmittel verwendet. Die frischen Blätter süßen 50-mal so stark wie Zucker, der Flüssigextrakt, den es im Handel gibt, süßt 400-mal so stark (1 ½ TL entsprechen 1 kg Zucker). Stevia enthält so gut wie keine Kalorien und verursacht keine Karies. Stevia ist außerdem immer dann hilfreich, wenn Zucker weggelassen werden soll. Stevia-Extrakt können Sie selbst herstellen, indem Sie die Blätter der Pflanze auskochen und den gewonnenen Sud noch einkochen lassen (reduzieren). Sie können Stevia als Süßungsmittel für alle Süßspeisen benutzen, nur dann nicht, wenn es um Haltbarkeit geht – also bei Marmeladen und beim Einkochen – oder um die Konsistenz – beispielsweise bei Biskuitteig. Aber Hefeteig können Sie damit süßen.

Experimentieren Sie!

Xylit

Xylit oder Birkenzucker ist ein Zuckeralkohol, der als weißes Pulver im Handel ist. Es süßt ebenso stark wie Zucker, hat aber nur etwa halb so viele Kalorien, wirkt sich kaum auf den Blutzuckerspiegel aus und ist nicht schädlich für die Zähne – im Gegenteil: Xylit soll Karies entgegenwirken. Der Austauschzucker sollte jedoch nur in kleinen Mengen genossen werden, da er abführend und blähend wirken kann, wenn man davon zu viel aufnimmt. Ein Effekt, der bei Gewöhnung aber verschwinden kann. Nicht unerhebliche Nachteile von Xylit sind sein hoher Preis und seine fehlende Vollwertigkeit. Es handelt sich dabei um ein isoliertes Produkt. Die Herstellung aus Pflanzenfasern wie Birkenrinde oder den Strünken von Maiskolben ist aufwendig. Darum gibt es auch Hersteller, die versuchen, den Prozess zu verbilligen, indem sie gentechnisch veränderte Organismen verwenden. Achten Sie beim Einkauf darauf, was der Hersteller auf der Packung über die Produktionsweise und die Rohstoffe schreibt.

Honig

Zuletzt zum Honig, dem einzigen tierischen Produkt unter den Süßungsmitteln. Honig entsteht aus Blütennektar und Honigtau, die im Bienenmagen durch körpereigene Enzyme in Trauben- und Fruchtzucker gespalten werden. In der Imkerei besteht der Unterschied zwischen konventioneller und biologischer Produktion in der Tierhaltung und in der Gewinnung und Weiterverarbeitung des Honigs. Der Standort der Bienenvölker spielt eine vergleichsweise untergeordnete Rolle. Die Bienen erfüllen für viele Pflanzen die notwendige Funktion der Bestäubung, und darum ist eine flächendeckende Bienenpopulation notwendig. Bienen haben einen Flugradius von bis zu zehn Kilometern. Sie können nicht zwischen Blütenstaub natürlicher, chemisch belasteter oder gentechnisch veränderter Pflanzen unterscheiden. Darum ist aus der Sicht der Bio-Imker keine Koexistenz biologischer Landwirtschaft mit der Gentechnik-Landwirtschaft denkbar.

Bioland- und Demeter-Imker halten ihre Bienen so artgerecht wie möglich. Sie verwenden keine chemischen Medikamente gegen Bienenkrankheiten oder -schädlinge wie die Varroamilbe. Rückstände dieser Medikamente können in konventionellem Honig enthalten sein. Bioland- und Demeter-Imker dürfen nur Bienenkästen aus Holz (ohne giftigen Anstrich), Stroh oder Lehm verwenden und kein Fremdwachs für die Mittelwände im Bienenkasten zukaufen. Diese Bienen müssen ihr Wachs selbst erzeugen. Der Honig wird schonend gewonnen und nach der Ernte nicht erhitzt. Extrem hoch belastete Standorte wie z. B. Intensiv-Obstbau-Plantagen kommen nicht in Frage.

Honig ist zweifellos das wertvollste Süßungsmittel und süßt besser als weißer Zucker. Wenn er nicht erhitzt wird, behält er die Vitamine, die der menschliche Organismus braucht, um die Kohlenhydrate zu verdauen. Aber im Sinne der Gesundheit Ihrer Zähne ist auch hier Sparsamkeit anzuraten.

Das Märlein vom roten Apfel

Es war einmal eine Bäuerin, die hatte zwei Mädchen: eine rechte Tochter und ein Stiefkind. Die Stieftochter musste alle Arbeit verrichten und bekam mehr Schelte und Schläge als Essen. Als sie einmal die Kuh auf die Weide führte und weinte, fragte die Kuh voll Mitleid: »Was weinst du so?« und bekam zur Antwort: »Weil ich hungrig bin«. Da sprach die Kuh: »So oft du Hunger hast, darfst du meine Hörner abschrauben, wirst immer was finden.« Das Mädchen tat es auf der Stelle, fand Milch und Brot, sättigte sich und schraubte die Hörner wieder an. So ging es eine Zeit lang gut, und Kuh und Stieftochter wurden die besten Freundinnen.
Weil aber das Mädchen daheim die Wassersuppe nicht mehr anrührte und immer rote Backen hatte und stets heiter war, vermutete die Stiefmutter ein Geheimnis und wollte dahinterkommen. Sie ging also einmal mit auf die Weide und legte sich ins Gras und schnarchte. Schnell und geräuschlos schraubte das hungrige Mädchen der Kuh die Hörner ab und aß und war guter Dinge. Und als die Stiefmutter sich erhob, trieben sie heim und sprachen kein Wort.
Daheim sagte die Mutter zur rechten Tochter: »Wenn die andere morgen die Kuh von der Weide bringt, werden wir sie schlachten.« Das hörte die

Stieftochter und tat die ganze Nacht kein Auge zu. Aber am nächsten Morgen, als sie die Kuh wieder auf die Weide führte, weinte sie bitterlich. Da fragte die Kuh wieder voll Mitleid: »Was weinst du so?« und bekam zur Antwort: »Weil du heute noch geschlachtet wirst.« »Weine nicht«, tröstete die Kuh, »deine Mutter hat uns gestern sicher belauscht, aber dir wird nichts Böses geschehen. Du wirst gewiss mein Wämpchen waschen müssen. Wirf nur den roten Apfel, der darin ist, auf den nächsten Baum und sieh, was daraus wird! Leb wohl!«

Abends kam der Metzger und schlachtete die Kuh, und die Mutter sagte zur Stieftochter: »Geh zum Bach und wasche das Wämpchen aus!« Das tat das Mädchen und fand einen roten Apfel darin und warf ihn auf den nächsten Baum. Da wurde der allerschönste Vogel daraus, der hüpfte lustig von Ast zu Ast und sang die köstlichsten Lieder, wunderbar, und die Mutter und die zwei Mädchen konnten sich nicht daran sattsehen und -hören.

Wie sie noch voll Verwunderung da standen, kam auf einem prächtigen Schimmel der junge Königssohn geritten und blickte immer wieder nach dem herrlichen Vogel und dann nach den beiden Mädchen, die ihm recht gut gefielen. Endlich sprach er in allem Ernst: »Die mir den Vogel bringt, wird meine Braut.«

Da lockten Mutter und Tochter den Vogel, wie sie nur konnten, aber der ging nicht in die Falle und sprang immer noch höher hinauf. So ermunterte denn der Königssohn die schöne Stieftochter, die sich bescheiden zurückgezogen hatte, es doch auch zu versuchen. Da streckte sie verlegen errötend den Arm aus, und der Vogel flog ihr auf die Hand, ließ sich streicheln und ergreifen.

So wurde die brave Stieftochter durch den roten Apfel aus dem Wämpchen der Kuh eine glückliche Königsbraut.

Märchen aus Österreich

Der Apfel im Brauchtum und was dahinter steckt

Der Apfelbaum und seine Früchte finden sich in allen Regionen, wo der Baum gedeiht, auch im Brauchtum wieder.

Der Apfel symbolisiert Schönheit, Jugend, Fruchtbarkeit. Denken Sie an den Apfel, den Paris der Schönsten unter den Göttinnen überreichen sollte. Die Edda erzählt von den goldenen Äpfeln der Idun, die die dauerhafte Jugendlichkeit der Asen, also der Götter der Germanen gewährleisten. Bei den Griechen war der Apfel Attribut der Demeter wie auch der Aphrodite. Des Apfels Beziehung zu Fruchtbarkeit und damit auch zu Liebe und Ehe ist also uralt. Bei den Kirgisen wälzen sich unfruchtbare Frauen unter einem einzeln stehenden Apfelbaum, um schwanger werden zu können. Als altindische Sitte ist überliefert, dass eine junge Frau ihren Geliebten erwählte, indem sie ihm einen Apfel zuwarf. Griechische Brautpaare der Antike mussten nach einem Gesetz des Solon bei der Hochzeit Äpfel (oder Quitten) essen, um die Nachkommenschaft zu sichern.

Der Apfelbaum repräsentiert insbesondere das weibliche Geschlecht. Vergrub man die Nachgeburt einer Wöchnerin unter einem Apfelbaum, so wurde das nächste Kind ein Mädchen, vergrub man sie unter einem Birnbaum, so wurde es ein Junge. Vielfach hat man auch zur Geburt eines Kindes einen Apfelbaum gepflanzt, dessen Gedeihen dann über das Geschick des Kindes Auskunft geben sollte.

Damit sind wir bei den Orakeln. Liebes- und Todesorakel suchte man im Apfel: Äpfel dienten auf vielfältige Weise dazu, Mädchen vorherzusagen, wer ihr zukünftiger Ehemann werden wird. Blüht der Apfelbaum im Herbst noch einmal, so stirbt bald jemand in der Familie. Oder werden beim Aufschneiden des Weihnachtsapfels Kerne durchschnitten, so stirbt jemand im kommenden Jahr. Schneidet man den Apfel quer durch, so stellt das geöffnete Kerngehäuse gewöhnlich einen Fünfstern oder Drudenfuß dar. Wenn nun der Weihnachtsapfel beim Aufschneiden ein kreuzförmiges Kernhaus zeigt, so bedeutet das ebenfalls Tod. Gelingt es beim Schälen des Weihnachtsapfels, die Schale nicht abreißen zu lassen, so bedeutet das ein langes Leben. Wer sich verirrt hat, soll an den Weihnachtsapfel des letzten Jahres denken: Dann wird er den Weg nach Hause finden.

In den Bräuchen um Weihnachten spielt der Apfel überhaupt eine große Rolle. Der Weihnachtsbaum, der seit etwa 1600 belegt ist, wurde mit Äpfeln und Oblaten geschmückt. Interessanterweise nannte man die Weihnachtsbäume zunächst »Meyen«, woraus ersichtlich ist, dass sie jünger sind als die Maibäume, die ja auch im menschlichen Siedlungsbereich aufgestellte, geschmückte Bäume sind. Früher noch, im Mittelalter, fanden um Weihnachten herum sogenannte Paradiesspiele statt, in deren Mittelpunkt ein mit Äpfeln behängter Baum stand.

Sind also der Maibaum und der Paradiesbaum die Eltern des Christbaums? Auf jeden Fall steht hinter all dem die Vorstellung vom Lebensbaum. Das zeigen die Sagen, die von Apfelbäumen erzählen, die in der Christnacht blühen und sogleich auch Früchte tragen. Der Weihnachtstermin fällt mit dem Termin der Wintersonnenwende zusammen, zu dem schon vor undenklich langen Zeiten die Geburt des neuen Lebens, des Lichtes, des kommenden Jahres und Vegetationszyklus festlich begangen wurde. Der Baum, der in der Christnacht blüht und fruchtet, mag den Erlöser versinnbildlichen, er weist aber auf viel ältere Vorstellungen zurück.

Wie das Ei ein Symbol für den Anfang, die Schöpfung, den Ursprung ist, so ist der Apfel das Symbol auch für Vollendung, für das Ganze. Bei den Römern vollzog sich ein Festmahl *ab ovo ad mala,* vom Ei bis zu den Äpfeln, also vollständig, vom Beginn bis zur Vollendung. Der Reichsapfel, den Kaiser und Könige, in der Wirklichkeit und im

Märchen, als Zeichen ihrer Macht benutzen, steht ebenfalls für diese Ganzheit.

Der Apfel in der christlichen Vorstellungswelt tanzt aus der Reihe: Hier ist er zu einem Symbol für Sünde und Verführung geworden.

Viele Bräuche und Vorstellungen der letzten Jahrhunderte scheinen uns wirr und abstrus oder einfach sinnlos. Lassen wir uns aber nicht täuschen! Ihre Wurzeln reichen oft weit zurück, bis in die Zeit vor der Christianisierung Europas. Die Ursprünge scheinen oft kaum mehr hindurch durch die äußere Gestalt der Bräuche. Sie sind uns hauptsächlich aus dem 18. und 19. Jahrhundert, also nach langer Zeit der Unterdrückung, Umdeutung und Verdrängung, überliefert und damals wohl vielfach nicht mehr verstanden worden. Sie weisen uns einen Weg zum Verständnis der Vorstellungen unserer Ahnen in der Zeit vor der Christianisierung, was nach Aufklärung, Rationalismus, Industrialisierung und Postmoderne wieder nützlich sein könnte.

Schön und gesund: Medizin und Kosmetik

An apple a day keeps the doctor away, behauptet ein englisches Sprichwort. Dass, wer täglich einen Apfel isst, gar keinen Arzt mehr braucht, ist vielleicht zu viel versprochen. Aber sicherlich ist etwas daran. Schon Hildegard von Bingen lehrte, die medizinische Bedeutung und die wertvollen Inhaltsstoffe der Äpfel zu schätzen.

Am wertvollsten sind jene Äpfel, die ohne Chemikalien angebaut worden sind und bis zur Reife am Baum bleiben durften. Äpfel haben einen relativ niedrigen Energiegehalt und bestehen zu 80 – 85 % aus Wasser. Und in diesem Wasser sind mehr als 20 wichtige Mineralstoffe und Spurenelemente (z. B. Kalium, Kalzium, Eisen und Phosphor) gelöst. Außerdem enthalten Äpfel leicht verdauliche Kohlenhydrate, den Ballaststoff Pektin, Vitamine, sekundäre Pflanzenstoffe, wie die Phenole, organische Säuren und Gerbstoffe. Alles in allem ein Cocktail, der den Apfel zu einem der wertvollsten Nahrungsmittel überhaupt macht.

Hier noch ein Wort an diejenigen, die unter einer Apfelallergie leiden, was bedeutet, dass die Mund- und Rachenschleimhaut nach dem Apfelverzehr brennt und anschwillt und eventuell auch heftigere Allergiesymptome bis zur Atemnot auftreten können. Im rohen Apfel ist ein bestimmtes Eiweiß enthalten, das vom Immunsystem betroffener Menschen fälschlich als gefährlich eingestuft wird. Es zerfällt beim Erhitzen, sodass Allergiker gekochte oder gebackene Äpfel oft essen können. Im manchen Fällen genügt schon das Raspeln des Apfels. Besonders allergen sollen neugezüchtete Marktsorten sein, die – um der Süße der Frucht willen – weniger Phenole, sekundäre Pflanzenstoffe, enthalten. Alte Sorten, wie sie auf Streuobstwiesen wachsen, enthalten je nach Sorte mehr Phenole und werden oft besser vertragen.

Wer also einen 'Granny Smith' nicht verträgt, kann es mal – ganz vorsichtig – mit einer 'Goldparmäne' oder einer 'Gewürzluike' von der Streuobstwiese versuchen.

Bei unserer Ernährung geht es nicht nur um die Zufuhr von Energie, sondern auch um die Steuerung dieser Energie, um die Ordnung im Organismus Mensch. Ohne Zufuhr von Information geht die hochkomplexe Ordnung im Zusammenspiel der Zellen, Zellsysteme, Organe und Organsysteme verloren. Informationsträger sind Vitamine, Enzyme, Mineralstoffe, Spurenelemente und sekundäre Pflanzenstoffe. Sie alle zusammen sind unverzichtbar für den geordneten Ablauf ungezählter organischer Funktionen.

Äpfel wirken regulierend auf die Darmtätigkeit. Das ist vor allem dem Pektin geschuldet, das im Darm aufquillt und giftige Zersetzungsprodukte, Bakterien und andere schädliche Substanzen bindet, sodass sie ausgeschieden werden können. Auch auf den Cholesterinspiegel wirkt sich Pektin positiv aus.

Bei Durchfall ist eine Apfelkur angezeigt. Morgens, mittags und abends werden je nach Verlangen des Patienten zwei bis vier Äpfel gerieben und frisch gegessen. Die Äpfel sollten nicht zu kalt sein, also nicht aus dem Keller oder gar Kühlschrank kommen. Gleichzeitig gibt es sonst nichts zu essen, nur Kräutertee zu trinken.

Bratäpfel haben eine anregende Wirkung auf die Darmtätigkeit. Noch stärker wirkt der frische Apfelsüßmost. Außerdem ist er harntreibend und darum gut zu verwenden bei Blasen- und Nierenkrankheiten, Blasen- und Nierensteinen und Gicht oder Rheuma. In gleicher Weise, nur viel sanfter, wirkt der Apfelschalentee aus überbrühten Schalen, die etwa 10 Minuten ziehen. Dieser Tee beruhigt zugleich auch.

Darmentgiftungs-Tag: Trinken Sie morgens ein Glas lauwarmen, reinen Apfelsaft (ohne Zucker), der mit dem Saft einer halben Zitrone gemischt ist. Während des Vormittags essen Sie zwei Äpfel mit Schale.

Zu Mittag gibt es einen Apfelschalentee, den Sie mit Honig süßen können, wenn Sie möchten. Nachmittags gibt es wieder zwei Äpfel, dazu um 15 Uhr und um 17 Uhr je ein Glas frischen Apfelsaft. Zum Abendessen gibt es einen Teller warmes Apfelmus, das Sie wiederum mit Honig süßen können.

Ein Apfel, vor dem Schlafengehen gegessen, fördert einen ruhigen Schlaf. Apfelschalentee, mehr noch Dörräpfel, wirken fiebersenkend.

Wenn Sie zu Übergewicht neigen, können Sie jedes Mal, wenn es Sie nach einer Zwischenmahlzeit gelüstet, zu einem Apfel greifen. Sie können auch einige Tage lang nur Äpfel essen, bis zu 2 kg am Tag. Der Apfel enthält vieles, was der Körper braucht, sodass keine Mangelerscheinungen auftreten können. Lassen Sie immer zwei Stunden Zeit zwischen zwei Apfelmahlzeiten. Und essen Sie Schale und Kernhaus mit. Und das Trinken nicht vergessen!

Äpfel dienen auch der Schönheit. Ihre Fähigkeit, Giftstoffe auszuleiten, sowie die Vitalstoffe, die sie dem Organismus geben, halten die Haut gesund. Probieren Sie auch einmal eine Gesichtsmaske:

Reiben Sie zwei Äpfel zu Brei, vermischen Sie sie mit etwas Rosenwasser und 1 TL Honig. Tragen Sie die Maske auf das gereinigte Gesicht auf und lassen Sie sie 25 Minuten wirken. Währenddessen entspannen Sie sich, hören ein wenig Musik und schließen die Augen. Danach waschen Sie alles mit lauwarmem Wasser wieder ab.

Bei Hautunreinheiten und Ekzemen kann verdünnter Apfelessig helfen, z. B. als Gesichtswasser (vermischen Sie 50 ml Wasser mit 25 ml Rosenwasser und 25 ml Apfelessig) oder als Badezusatz (etwa ¼ l auf ein Vollbad). Über die Verwendung des Apfelessigs als Heil- und Pflegemittel gibt es eine umfangreiche Literatur, die Sie zu Rate ziehen können.

Bei ernsthaften, andauernden Beschwerden gehen Sie zu Ihrem Hausarzt oder Ihrer Hausärztin. Und vergessen Sie nicht: Alle Hausmittel, zu denen auch unsere Rezepturen gehören, sind nicht standardisiert und wirken persönlich möglicherweise unterschiedlich.

Johnny Appleseed

Johnny Appleseed – Hänschen Apfelkern – war einer der nationalen Helden der Vereinigten Staaten von Amerika – ja, auch solche Helden gibt es! In Wirklichkeit hieß er John Chapman, geboren am 26. September 1774 in Massachusetts. Er erlernte das Gärtner-Handwerk und hatte schon viele Apfelbäume gepflanzt, ehe er 25 Jahre alt war, vor allem in New York und Pennsylvania. Dort gibt es heute noch Obstgärten, die er angelegt haben soll.

Als kurz nach 1800 das fruchtbare Land südlich der Großen Seen und westlich des Ohio zur Besiedlung erschlossen wurde, war er einer der Ersten, die dorthin aufbrachen. Über 40 Jahre lang wanderte er durch dieses Land: die späteren Staaten Ohio, Michigan, Illinois und Indiana. Siedler, die dort ankamen, fanden immer schon Johnnys Apfelbäume zum Verkauf bereitstehen. So wurde er berühmt als der Apfelbaummann oder eben Johnny Appleseed.

Seine Arbeitsweise war denkbar schlicht. Er wanderte los in die Wildnis mit einem Beutel voll Apfelkernen im Gepäck, bis er einen geeigneten

Platz fand. Dort bereitete er das Land mit eigenen Händen für die Aussaat vor. Dann säte er die Apfelkerne sorgfältig in Reihen und baute einen Zaun darum, um Tiere fernzuhalten. Alles machte er alleine. Gesellschaft leisteten ihm die wilden Tiere und die Ureinwohner. Er trug nie ein Gewehr bei sich oder sonst eine Waffe. Er war tief religiös und lebte konsequent nach der goldenen Regel: »Was du nicht willst, dass man dir tu, das füg auch keinem andern zu!« Er fürchtete sich vor niemandem. Die Ureinwohner akzeptierten ihn als Freund, und man sagt ihm nach, er habe mit den wilden Tieren gesprochen, die ihn bei der Arbeit in seinen Baumschulen beobachteten. Sie spürten zweifellos seine Freundlichkeit und Arglosigkeit. Es heißt, er habe einmal vor einem Schneesturm Zuflucht gesucht in einem umgestürzten hohlen Baum. Der Platz sei aber schon besetzt gewesen von einer Bärin und ihren Jungen, die dort Winterschlaf hielten. Nichtsdestotrotz habe er die Nacht dort verbracht.

John Chapman hatte irgendwann eine Vision empfangen, in der er die Wildnis voll blühender Apfelbäume sah, einen Garten am anderen, voll sorgfältig gepflegter Bäume, deren duftende Blüten den Siedlern reiche Ernte versprachen. Und er nahm bereitwillig die Härten seines Wanderlebens auf sich, um seine Vision Wirklichkeit werden zu lassen. Seine kräftig gewachsenen jungen Bäume entzückten Auge und Herz vieler Siedler. Denn Obstbäume um eine Hütte zu pflanzen, bedeutet, die Hoffnung auf ein dauerhaftes, glückliches Zuhause zu nähren.

Er verkaufte seine Bäume für ein paar Pfennige und akzeptierte jede Währung, die damals in den neu erschlossenen Gebieten in Umlauf war. Wer kein Geld hatte, bekam seinen Baum gegen das Versprechen, später zu zahlen – und kaum einer blieb den Preis schuldig. Manchmal nahm er auch gebrauchte Kleidung als Zahlungsmittel an.

Er reiste am liebsten zu Fuß, fuhr aber auch mit Booten, Kanus oder Flößen auf den vielen Wasserwegen des Landes. Anfangs kehrte er in jedem Herbst zu den Mostereien in West-Pennsylvania zurück, um dort im Apfeltrester nach den besten Apfelkernen zu suchen. Er wählte die Kerne

sorgfältig, wusch sie und verwahrte sie in Beutelchen für die Aussaat im nächsten Frühjahr. Als dann mit den Siedlern auch Mostereien in die neuen Siedlungsgebiete kamen, brauchte er nicht mehr so weit zu reisen. Unmöglich zu beziffern, wie viele Sämlinge er in seinen Baumschulen großgezogen haben mag! Das war sein Beitrag für eine Welt, in der zu leben eine Freude ist.
John Chapman heiratete nie – wie auch, bei einem so unruhigen Leben! Aber er war gesellig und liebte vor allem die Kinder. Darum war er gern gesehener Gast in jeder Hütte, der nach dem Abendessen seinen Dank abstattete, indem er Geschichten erzählte oder vorlas, aus der Bibel oder anderen religiösen Schriften, die er bei sich trug. So saß er auch eines Abends im März 1845 bei Freunden, als die Nachricht eintraf, dass Vieh den Zaun um eine seiner Baumschulen niedergetrampelt hatte. Obwohl der Ort 20 Meilen entfernt und die Nacht kalt war, machte er sich sofort auf den Weg, um den Schaden zu reparieren. Auf dem Rückweg brach er zusammen. Es war eine Krankheit, die damals unter dem Namen »winter plague« bekannt war. Freundliche Siedler nahmen ihn auf. Er erholte sich jedoch nicht mehr.
Eine Zeitung schrieb damals, er sei am 18. März gestorben. Aber auch andere Daten wurden genannt. Nun ja, die meisten Menschen wussten ja nicht einmal seinen richtigen Namen. Und so mag an seiner Lebensgeschichte überhaupt manches legendär sein. Aber er war Johnny Appleseed – Hänschen Apfelkern.

Nicht alle können …

- ❍ eine Streuobstwiese pflegen
- ❍ Äpfel sammeln und lagern
- ❍ Kompott und Marmelade selbst einkochen
- ❍ das Essen regelmäßig aus frischen Zutaten zubereiten

… aber jede und jeder kann …

- ❍ Apfelsaft aus ökologischer Produktion trinken
- ❍ Gästen statt Prosecco und Carpaccio auch mal Cidre mit Apfelkuchen anbieten
- ❍ an den Weihnachtsbaum echte rotbackige Äpfel hängen
- ❍ statt Chips aus der Tüte getrocknete Apfelringe knabbern
- ❍ am Tresen statt Whisky echten Obstler bestellen
- ❍ nach regionalen Vermarktern von Äpfeln und Apfelprodukten suchen

Was finde ich wo?

Immer wieder haben wir in diesem Buch auf weiterführende Literatur, auf regionale Bezüge und auf Beratung verwiesen. Leider gibt es keine Möglichkeit, diese Informationsquellen auch nur annähernd in schriftlicher Form zusammenzustellen. Denn es gibt außer den Suchmaschinen im Internet keine zentralen Anknüpfungspunkte.

Dies hängt mit dem historischen Umbruch in der Landwirtschaft zusammen. In den vergangenen 100 Jahren war es möglich und üblich, sich bei den für Landwirtschaft zuständigen Stellen der Kommunen, Landkreise, Kantone und Länder fachkundig beraten zu lassen. Von dieser Tätigkeit zieht sich der Staat Jahr um Jahr zurück. Institute werden geschlossen, Personalstellen halbiert und gestrichen, und die wenigen verbleibenden Mittel werden in punktuelle und befristete Maßnahmen gesteckt und damit nicht selten verschleudert. Was nützt es zum Beispiel, wenn ich Geld für die Pflanzung eines Apfelbaums bekomme, aber mich niemand berät, wie ich ihn pflegen soll?

Zugleich entstehen landauf, landab halbstaatliche Einrichtungen und private Vereinigungen, die sich um die Pflege von Streuobstwiesen, Vermarktung von Apfelsaft oder um die Dokumentation alten Wissens bemühen. Man muss sie im lokalen oder regionalen Umfeld suchen. Anlaufstellen sind Naturschutzverbände und Ämter, in deren Kompetenz der Naturschutz fällt, Reformhäuser, Naturkostläden, Obst- und Gartenbauvereine und die Lokalpresse. Die Raiffeisengenossenschaften und ihre Verkaufsstellen sind vielfach für eine Beratung im Sinne dieses Buches nicht geeignet. Sie haben sich deutlich von den Zielsetzungen des Gründers Friedrich Wilhelm Raiffeisen (1818 – 1888), der den Selbsthilfegedanken betonte, entfernt und sind tatsächlich mehr der Agro-Industrie und Agro-Chemie verpflichtet.

Museen

Deutschland

Obstbaumuseum Werder-Havel
Kirchstraße 6/7
14542 Werder an der Havel
Tel. 03327 / 783374
www.werder-havel.de (Rubrik Kultur/Sport)

Obstmuseum Pomarium Anglicum
Baumschule Alte Obstsorten
Waldweg 2, Winderatt
24966 Sörup
Tel. 04635 / 2745
www.alte-obstsorten.de

Freilichtmuseum Hessenpark
Laubweg 5
61267 Neu-Anspach
Tel. 06081 / 5880
www.hessenpark.de

Förderverein Obstbaumuseum Glems
Eberbergstraße 24
72555 Metzingen, Ortsteil Glems
Tel. 07123 / 15653
www.metzingen.de (Rubrik Vereine)

Bauernhaus-Museum Wolfegg
Vogter Straße 4
88364 Wolfegg
Tel. 07527/ 95500
www.bauernhausmuseum-wolfegg.de

Deutsches Gartenbaumuseum
Cyriaksburg
Gothaer Straße 50
99094 Erfurt
Tel. 0361 / 223990
www.gartenbaumuseum.de

Österreich

Arche-Noah-Schaugarten
Obere Straße 40
3553 Schloss Schiltern
Tel. 02734 / 8626
www.arche-noah.at

Italien

Südtiroler Obstbaumuseum
Ansitz Larchgut
Brandiswaalweg 4
39011 Lana
Tel. 0473 / 564387
www.obstbaumuseum.it

Institutionen

Deutschland

Naturschutzbund Deutschland (NABU) e.V.
Charitéstraße 3
10117 Berlin
Tel. 030 / 2849840
www.nabu.de
(mit Informationen zu Streuobstwiesenförderprogrammen und Verzeichnis von Mostereien in ganz Deutschland)

Pomologen-Verein
Bundesgeschäftsstelle
Husumerstraße 16
20251 Hamburg
Tel. 040 / 46063755
www.pomologen-verein.de
(Obstsortenkunde und Apfeltage)

Greenpeace e.V.
Hongkongstraße 10
20457 Hamburg
Tel. 040 / 30618-0
www.greenpeace.de
(u.a. Einkaufsratgeber für schadstofffreie Produkte)

Marketinggesellschaft Gutes aus Hessen
Homburger Straße 9
61169 Friedberg
Tel. 06031 / 732379
www.gutes-aus-hessen.de
(Verknüpfung von Aktionen und Stationen rund um den Apfel, hessische Apfelwein- und Obstwiesenroute. Zeitschrift »Der Apfelbote«)

Verband der Gartenbauvereine in Deutschland
Kulturzentrum Bettinger Mühle
Hüttersdorfer Straße 29
66839 Schmelz
www.gartenbauvereine.de
(Dachorganisation der Obst- und Gartenbauvereine in Deutschland)

Landesverband für Obstbau, Garten und Landschaft Baden-Württemberg e.V.
Klopstockstraße 6
70193 Stuttgart
Tel. 0711 / 632901
www.logl-bw.de
(empfehlenswerte Homepage mit interessanten Links)

Bundesverband der deutschen Klein- und Obstbrenner
Hardtstraße 37
76185 Karlsruhe
Tel. 0721 / 955510
www.obstbrenner.de

Sortenerhaltungszentrale Baden-Württemberg
Stiftung Kompetenzzentrum Obstbau-Bodensee
Schuhmacherhof 6
88213 Ravensburg-Bavendorf
Tel. 0751 / 79030
www.kob-bavendorf.de

Österreich

Obstbau-Versuchsanlage
St. Andrä im Lavanttal
Schulstraße 9
9433 St. Andrä
Tel. 0463 / 58504110
www.ova-online.at
(Mostlabor, Beratung, Fortbildung)

Schweiz

Pro Specie Rara
Unter Brüglingen 6
4052 Basel
Tel. 0461 / 5459911
www.prospecierara.ch

Agrofutura
Stahlrain 4
5200 Brugg
Tel. 056 / 5001050
www.agrofutura.ch
(Projekte zur Umsetzung von Naturschutz in der Landwirtschaft)

Schweizer Obstverband
Baarerstrasse 88
6300 Zug
Tel. 041 / 7286868
www.swissfruit.ch
(Rubrik Äpfel)

Fructus, Vereinigung zur Förderung alter Obstsorten
Wangenerstrasse 22
8307 Effretikon
Tel. 052 / 3432436
www.fructus.ch
(Gesamtschweizerische Inventarisierung der Obst- und Beerensorten)

Italien

Interpoma
Messe Bozen
Messeplatz 1
39100 Bozen
www.fierabolzano.it
(Rubrik Interpoma, Internationale Fachmesse für Anbau, Lagerung und Vermarktung des Apfels)

Internetadressen

praxistipps.lbv.de
Informationsplattform des Landesbunds für Vogelschutz in Bayern e.V., Rubrik Praxistipps Streuobstwiese

www.ag-streuobst.de
Informative Seite eines Vereins aus der Region Braunschweig

www.apfelwein-pur.de
Kommt natürlich aus Hessen.

www.deutschlands-obstsorten.de
Online-Ausgabe eines 100 Jahre alten Fachbuches, in dem mehr als 300 Äpfel-, Birnen-, Pflaumen-, Erdbeer-, Aprikosen-, Weinsorten beschrieben werden

www.feuerbrand.ch
ausführliche Informationen zu allen Aspekten dieser Obstbaumerkrankung inkl. weiterführenden Tipps und Adressen.

www.mostakademie.de
Informationen rund um den schwäbischen Apfelmost, mit echten Mostprofessoren und zahlreichen Links

www.naturkost.de
Warenkunde zu Äpfeln und Apfelprodukten, Rezepte und aktuelle Informationen.

www.oekolandbau.de
(Rubrik Bio-Siegel), Informationsstelle Bio-Siegel, Bundesanstalt für Landwirtschaft und Ernährung Referat 421, Projektgruppe Ökolandbau, Informationen zum Deutschen Bio-Siegel nach der EU-Öko-Richtlinie

www.streuobstwiesen-boerse.de
kostenlose Plattform für Anzeigen rund um die Streuobstwiese

www.streuobst-bw.info
Informationen und Aktivitäten rund um Streuobstwiesen in Baden-Württemberg

www.streuobst-mainfranken.de
Informationsseite einer Gruppe von Streuobstakteuren aus Würzburg und Umgebung

www.streuobstwiesenverein.de
Diese Seite informiert über Aktivitäten der Region Niederrhein und Westfalen.

www.wunschapfel.de
Apfelsorten-Projekt des Landschaftspflegeverbands Oberes Vogtland e. V.
Recherchemöglichkeit zu heimischen Apfelsorten, deren Standortbedingungen und Verwertungsmöglichkeiten

Bezugsquellen

Deutschland

Kelterei Jörg Stier
Am Kreuzstein 25
63477 Maintal-Bischofsheim
Tel. 06109 / 65099
www.kelterei-stier.de
(Apfelsäfte, Apfelweine und -schaumweine)

Bockmeyer Kellereitechnik
Zementwerk 3
72622 Nürtingen
Tel. 07022 / 933430
www.bockmeyer.de
(Kellereibedarf)

Manufaktur Jörg Geiger
Reichenbacher Straße 2
73114 Schlat / Göppingen
Tel. 07161 / 999020
www.manufaktur-joerg-geiger.de
(sortenreine Apfelweine, Birnenschaumweine und Obstbrände, »pommelo yello«)

Biokeller GmbH
Konradstraße 17
79100 Freiburg
Tel. 0761 / 706313
www.biokeller.de
(spezialisierter Haushaltsgeräteversand, gerade auch für Obstverarbeitung)

Achim Samwald
Wallbergstraße 4
85598 Baldham
www.doerren.com
(Bauanleitung Dörrschrank, Fertigteilbausatz)

Gartenbedarf-Versand Richard Ward
Ottobeurer Straße 46a
87733 Markt Rettenbach
Tel. 08392 / 1646
www.gartenbedarf-versand.de
(Tiroler Steigtanne, Qualitäts-Werkzeug für den Baumschnitt)

Helmut Rink GmbH
Wangener Straße 18
88279 Amtzell
Tel. 07520 / 6145
www.rink-gmbh.de
(Geräte für Obstverwertung in größerem Stil, u.a. Kleinmosterei für Vereine oder Vorführungen)

Österreich

M. Maurer GmbH
Laahener Straße 72
4600 Wels
Tel. 07242 / 46354
www.mostshop.at
(Kellereibedarf und Beratung)

Literaturtipps

Paul Arauner (Hrsg.):
Kitzinger Weinbuch
erhältlich über Paul Arauner GmbH & Co. KG
Wörthstraße 34, 97318 Kitzingen
www.arauner.com

Brigitte Bartha-Pichler und Frits Brunner:
Rosenapfel und Goldparmäne
365 Apfelsorten – Botanik, Geschichte und Verwendung
AT-Verlag

Cornelia Blume:
Die Streuobstwiese
pala-verlag

Bettina Malle, Helge Schmickel:
Schnapsbrennen als Hobby
Verlag Die Werkstatt

NABU Streuobst-Materialversand
erhältlich beim Naturpädagogischen Buchversand
Ludwigstraße 20, 73249 Wernau
www.buchzentrum-natur.eshop.t-online.de

NABU-Streuobstrundbrief
Aboverwaltung
c/o Förder- und Landschaftspflegeverein »Mittelelbe«
Johannisstraße 18, 06844 Dessau

Achim Samwald:
Dörren
Verlag Eugen Ulmer

Jörg Stier:
Vom Apfel zum Wein
CoCon Verlag

Die Autoren

Die Musikerin **Cornelia Blume** und den Buchmenschen **Burkhard Steinmetz** hat es auf getrennten Wegen nach Tübingen verschlagen. Das schwäbische Apfelland war ihnen immer Anreiz zum Schmecken der Früchte und Ausprobieren von Rezepten. Seit dem Winter 1996/97 bewirtschafteten sie gemeinsam ihre Familien-Streuobstwiese und nutzten ihre Früchte auf vielfältige Weise. Dem Ziel, diese traditionelle Wirtschaftsform zu unterstützen und vor dem Vergessen zu bewahren, ist ihr Buch voll eigener Erfahrung und gesammelten Wissens gewidmet.

Im Februar 2007 ist Burkhard Steinmetz gestorben, aber seine Arbeit wird weiter Früchte tragen.

Weitere Informationen über Cornelia Blume gibt es unter:
www.cornelia-blume.de

Rezeptindex

ISBN: 978-3-89566-359-8

3. überarbeitete und aktualisierte Neuauflage
Die erste Auflage dieses Buchs erschien 2005.
www.pala-verlag.de

Lektorat: Barbara Reis
Umschlag- und Innenillustrationen: Margret Schneevoigt

Druck und Bindung: BELTZ Bad Langensalza GmbH
www.beltz-grafische-betriebe.de
Printed in Germany

Dieses Buch ist auf Papier aus 100 % Recyclingmaterial gedruckt.